Le regard du Masque

Edition de Lassa

© 1990 Edition de Lassa
26 rue Vilain XIIII 1050 Bruxelles
Belgique
ISBN 2-87326-000-9
Dépôt Légal 1990/561/7

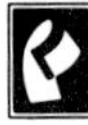

LE REGARD DU MASQUE

Masques de Jean-Marie FIEVEZ

Photographies de Philippe de GOBERT

Texte de Claude MATOSSIAN

Edition de Lassa

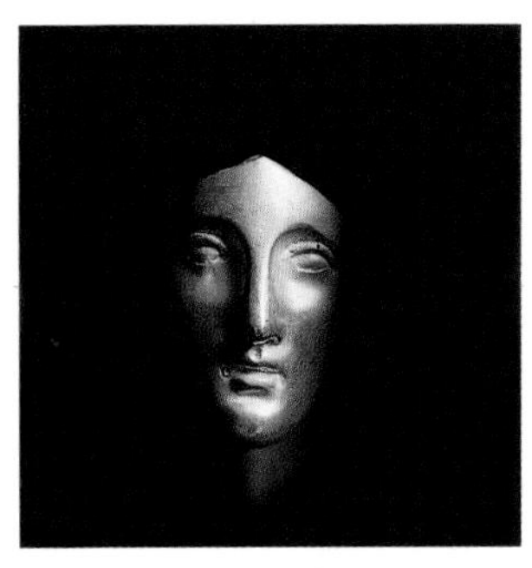

Dédié à Chypre

Homme, libre penseur, te crois-tu seul pensant,
Dans ce monde où la vie éclate en toute chose,
Des forces que tu tiens ta liberté dispose
Mais de tous tes conseils l'univers est absent.

Respecte dans la bête un esprit agissant,
Chaque fleur est une âme à la nature éclose ;
Un mystère d'amour dans le métal repose.
Tout est sensible, et tout sur ton être est puissant.

Crains dans le mur aveugle un regard qui t'épie,
A la matière même un verbe est attaché,
Ne le fais pas servir à quelque visage impie.

Dans le métal obscur habite un dieu caché,
Et comme un œil naissant couvert par des paupières
Un pur esprit s'accroît sous l'écorce des pierres.

Gérard de NERVAL,
Vers dorés.

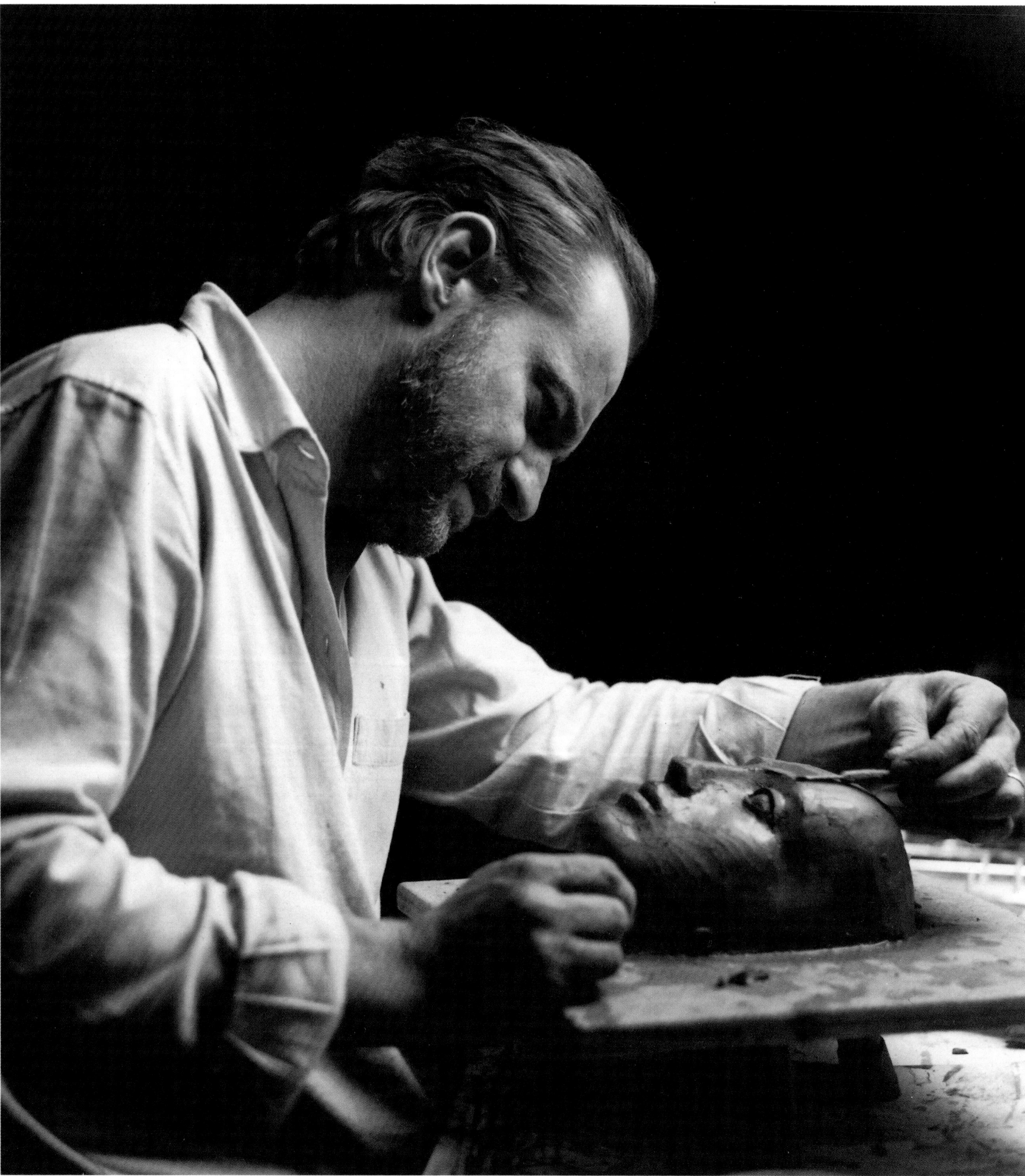

Il n'est pas aisé de parler d'un être et de sa création.
Comment cerner avec des mots une énergie qui avance, tendue vers l'avenir?
Comment décrire cet incessant bouillonnement mêlé d'infinie patience?
Observer un être et puiser en lui les racines de son propre regard,
Se mettre à l'affût du moindre signe de sa sensibilité,
Délicate et fragile comme la création même...
Comment contenir ce déferlement d'images, folles et fascinantes,
Dont lui seul aperçoit le chemin tranquille qui mène à l'accomplissement?
J'ai renoncé à ces énigmes et l'ai regardé.
J'ai vu alors la beauté sortir de ses mains et me suis laissé envoûter.
Puis les mots sont venus, doucement, comme s'ils avaient longtemps
voyagé dans l'espace de son regard.

Etait-ce la lassitude de l'intemporel ou le simple besoin
D'enfanter de la plus pure des matières?
S'agissait-il d'un rendez-vous avec l'histoire
Au fil d'une errance plus belle que l'aube?
Qui donc devait servir de guide au musée d'Athènes
Où le minotaure attendait un regard qui le ressusciterait?
Les siècles avaient rendu son masque de bronze transparent
Comme la dentelle du temps.
Ses cornes immenses semblaient avoir été sculptées la veille:
Elles possédaient l'intacte assurance de l'or...
Et de cet or irradiait une lumière qui avait traversé tous les regards.
C'est ainsi que la pensée, fascinée de perfection
Voulu perpétuer ce fragile mariage d'or et d'argent
Par d'antiques visages qui traverseraient une fois de plus
Les hommes et leur temps.

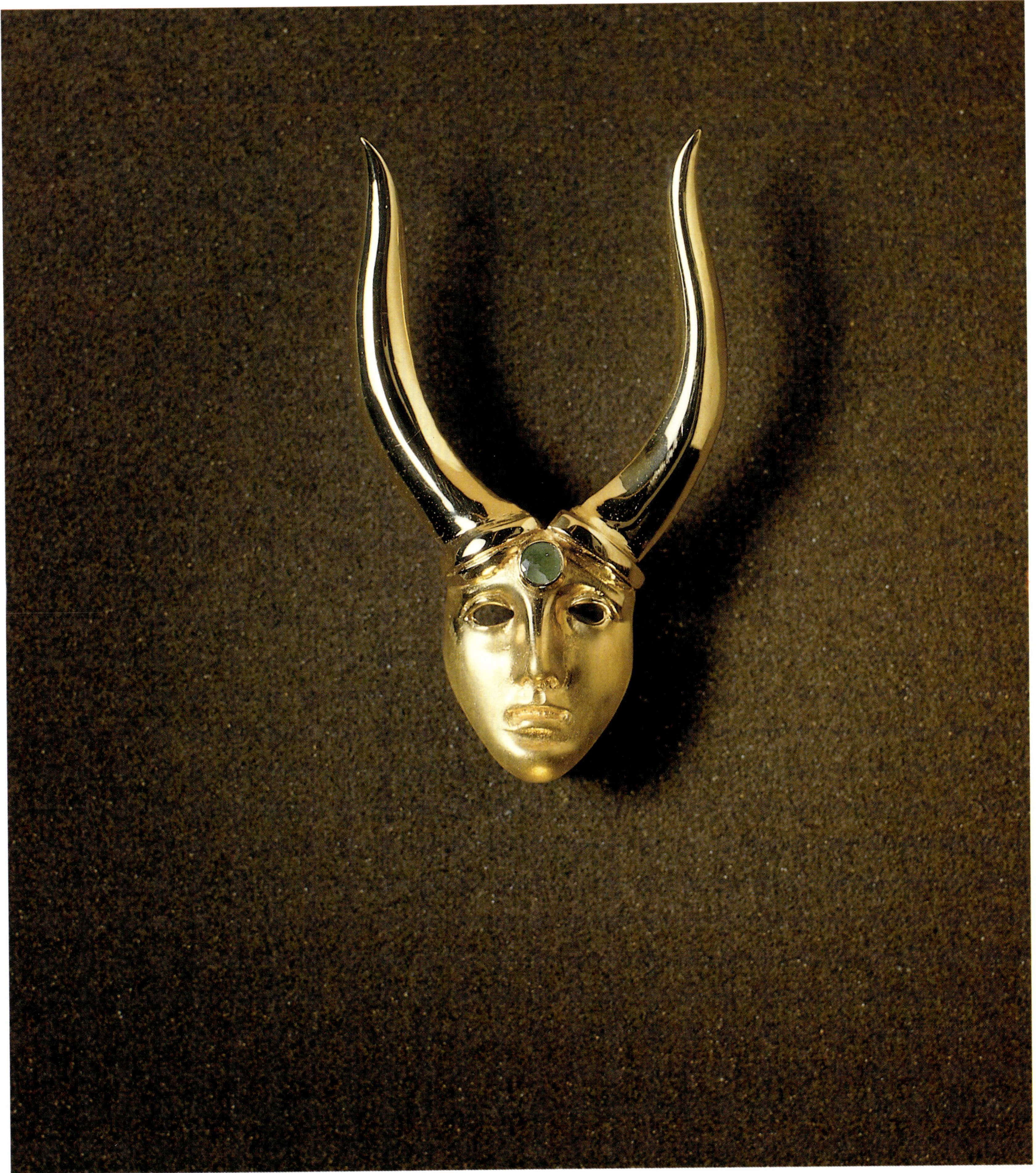

Entamer la quête du regard, approcher les moindres contours de l'éphèmère,
Comprendre l'absolue nécessité, fugace, impitoyable de sa beauté.
Se promener dans les volumes, les caresser et les démanteler
Afin d'en saisir le fonctionnement miraculeux.

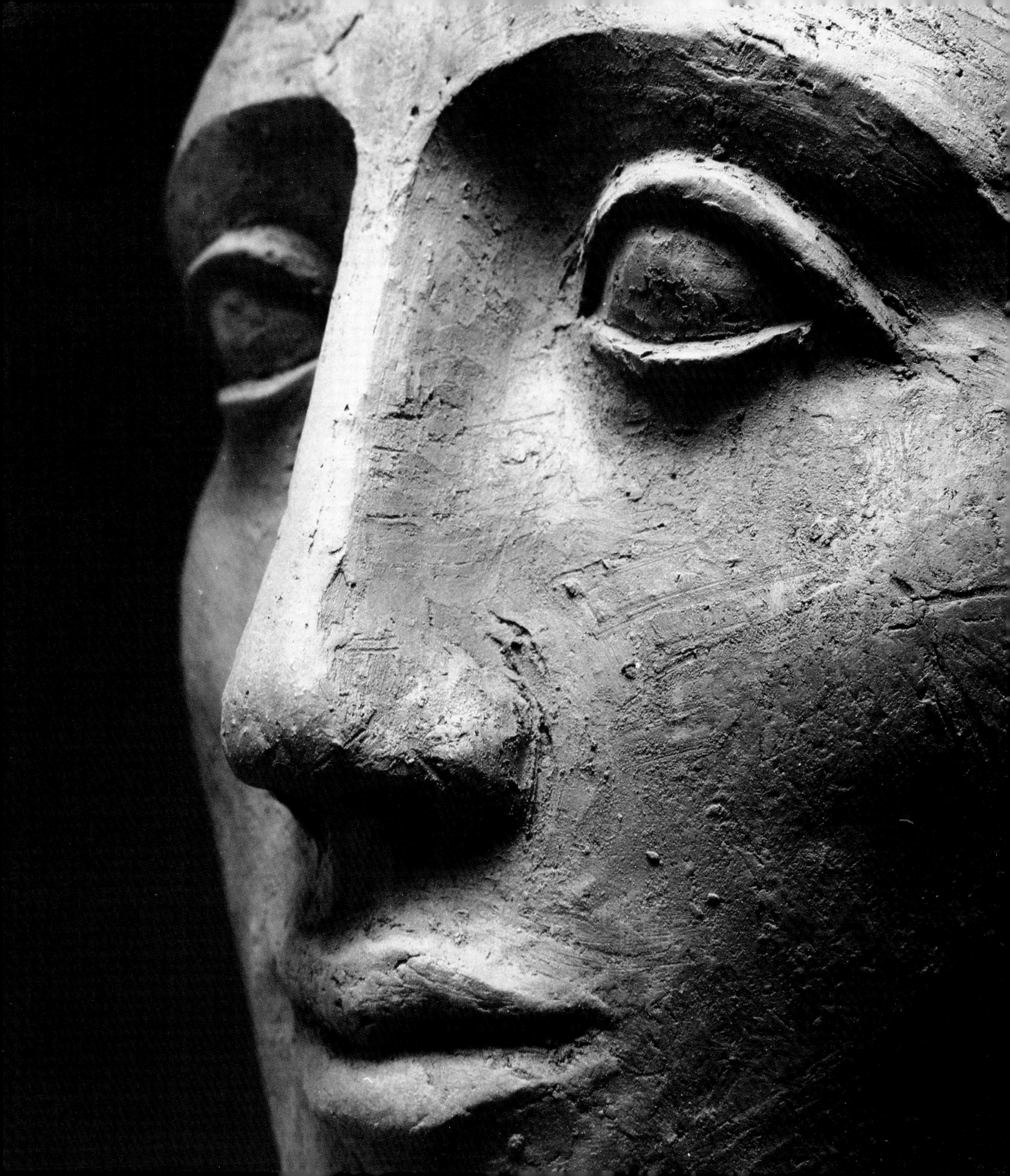

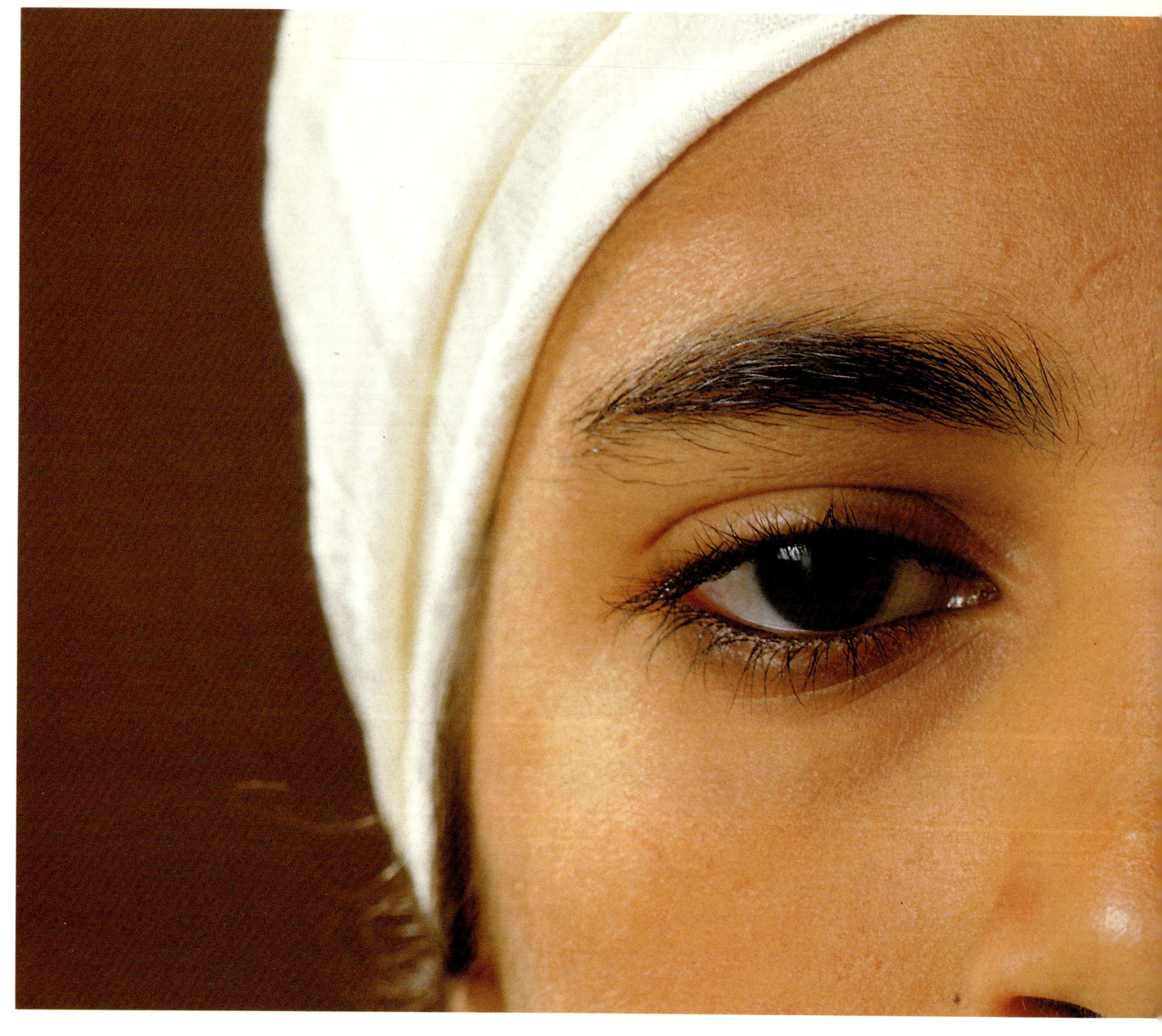

Dans les grands silences qui peuplent le rêve, dans l'étonnante moiteur de l'esprit qui voyage,

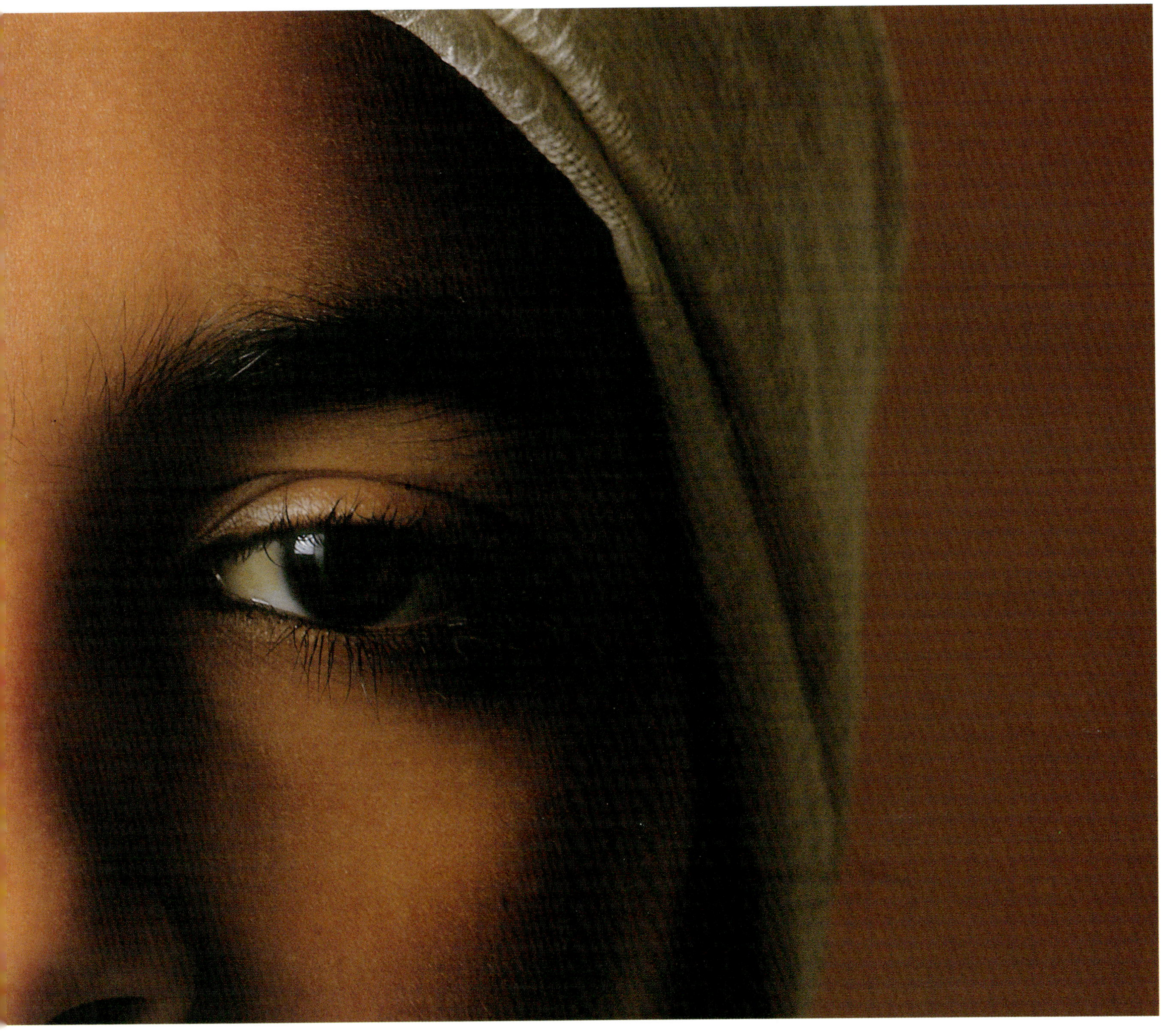

l'instinct s'aiguise, patient et redoutable, comme l'arme d'un guerrier millénaire...

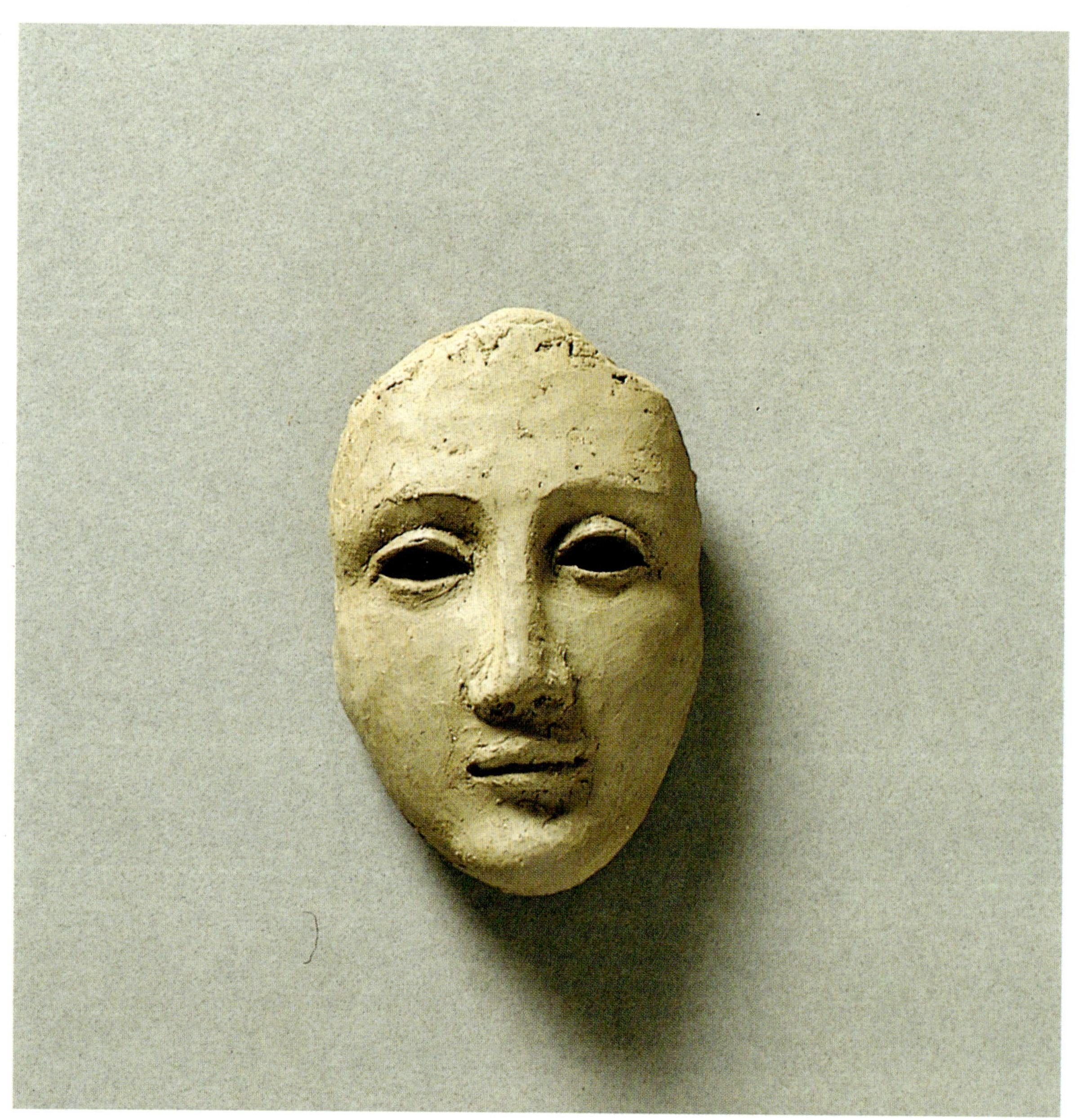

L'or est une arme de lumière,
Glaive acerbe du rituel humain.
Enfants des désirs de la terre,
L'or et l'argile ne font plus qu'un.

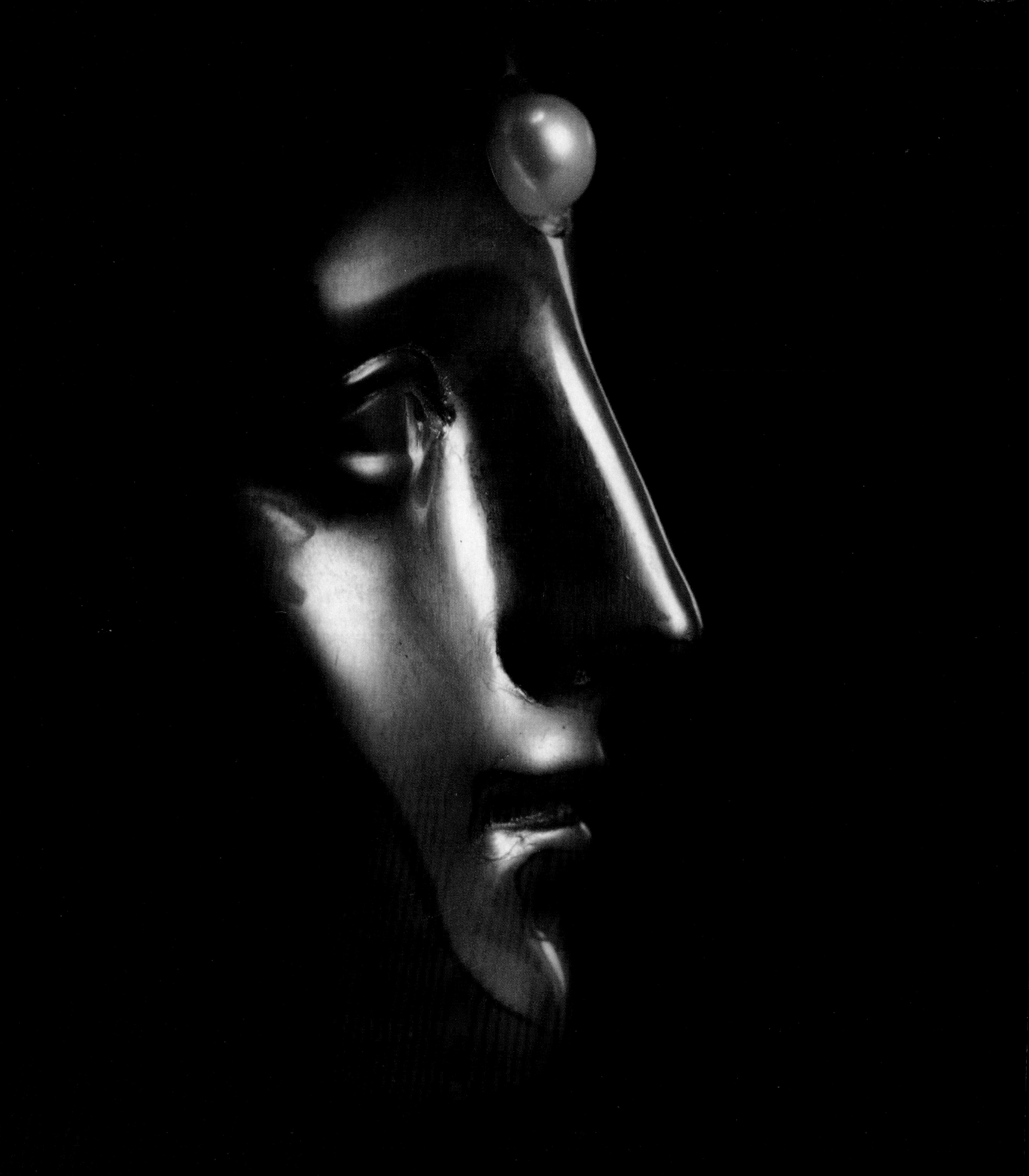

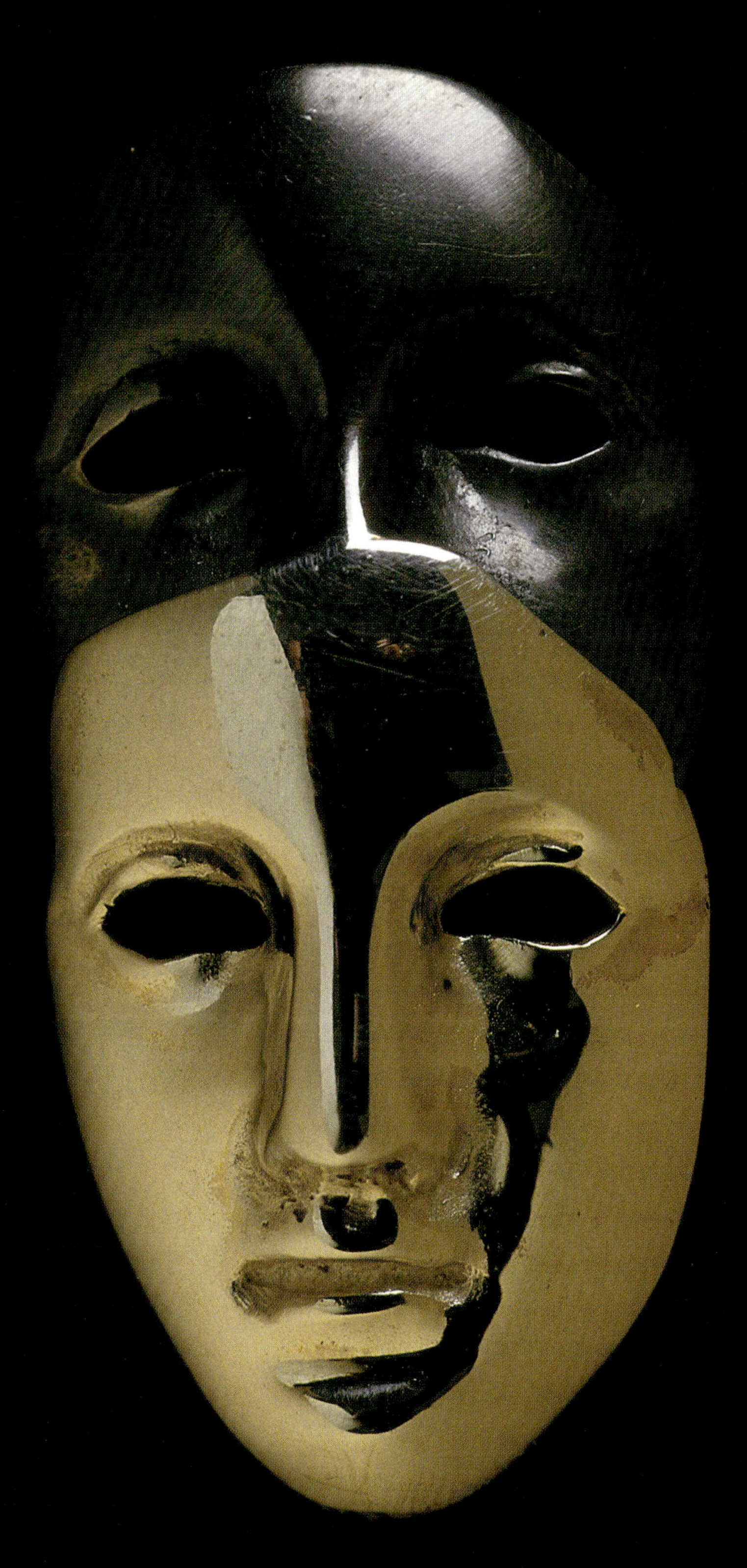

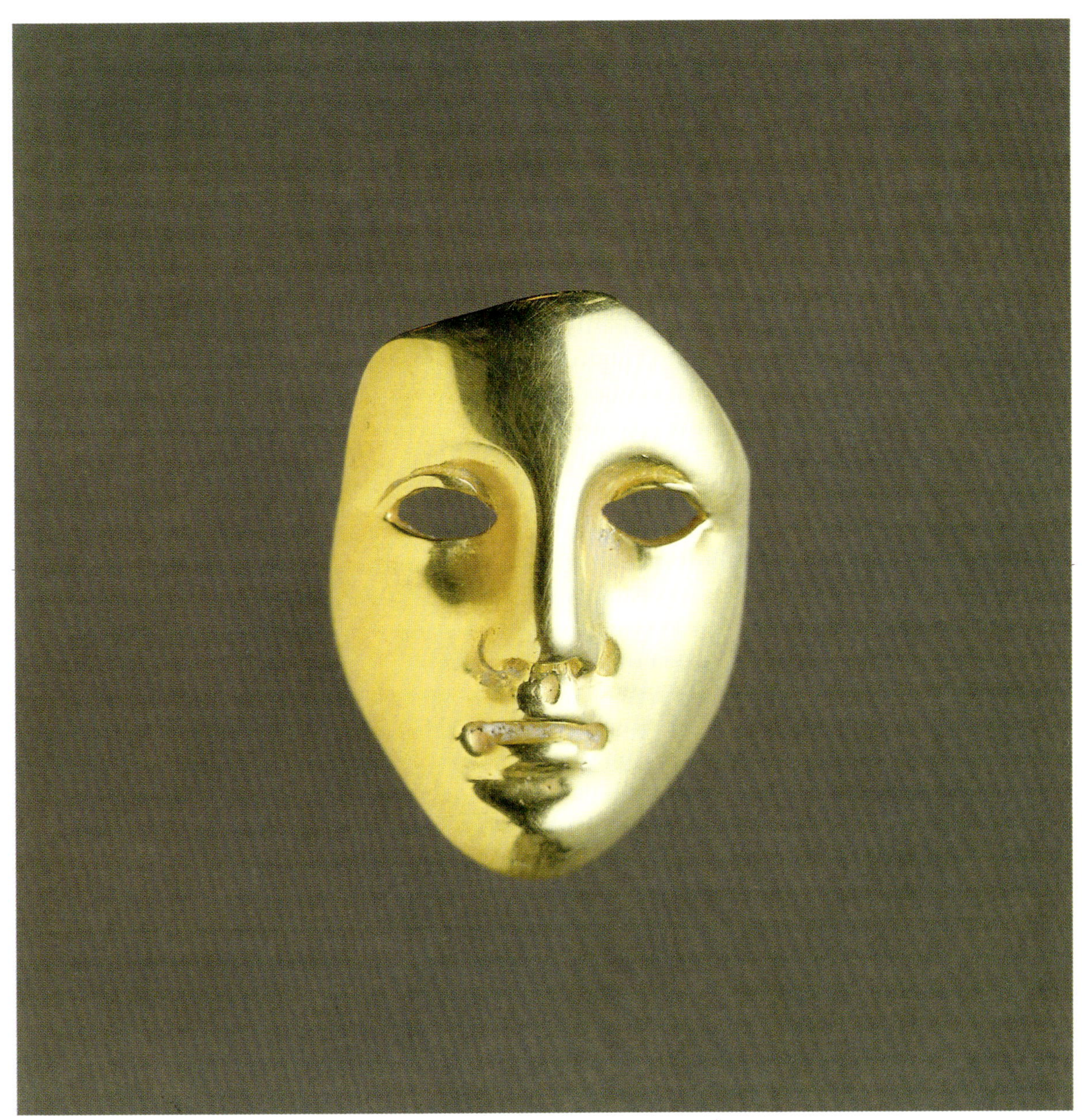

Nés du sable fou et du fleuve des désirs,
Ils poursuivent l'éternité superbe, dangereuse
Qui traversera le rayonnement de leur délire
Jusqu'aux sources de la douleur creuse.

Sans trêve, le regard captivé
De façon étrange et différente
Par l'éternel visage au sourire esquissé.
Sagesse, ironie ou mélancolie complice ;
Il traque l'émotion et nous la rend plus forte.
Il n'est pas d'heure où le regard ne glisse
Vers l'or poli de caresses
Afin d'en saisir l'ultime vibration.
C'est la part du sacré qui remonte
De nos mémoires obscures
Pour s'illuminer aux commissures des rêves.

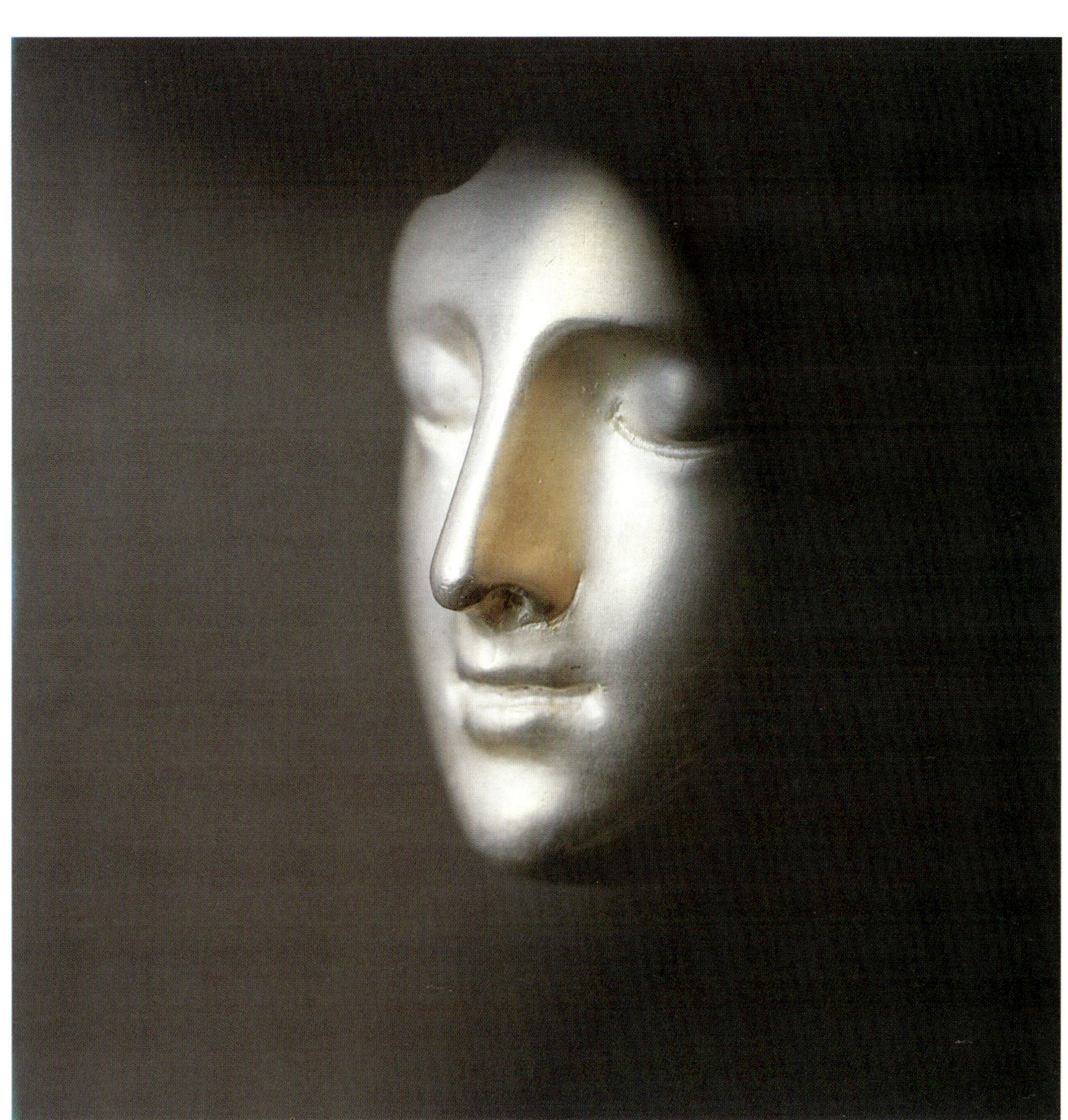

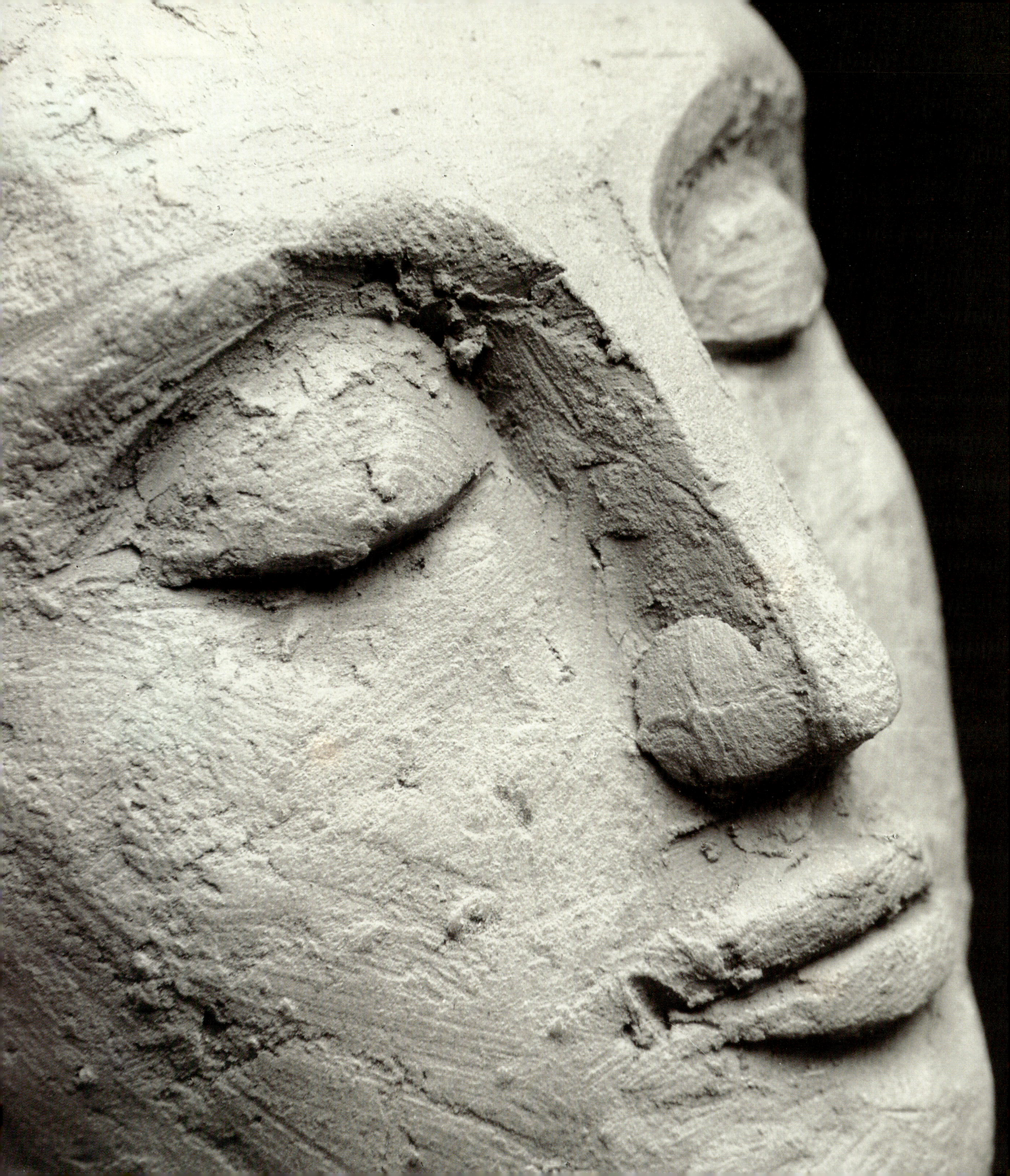

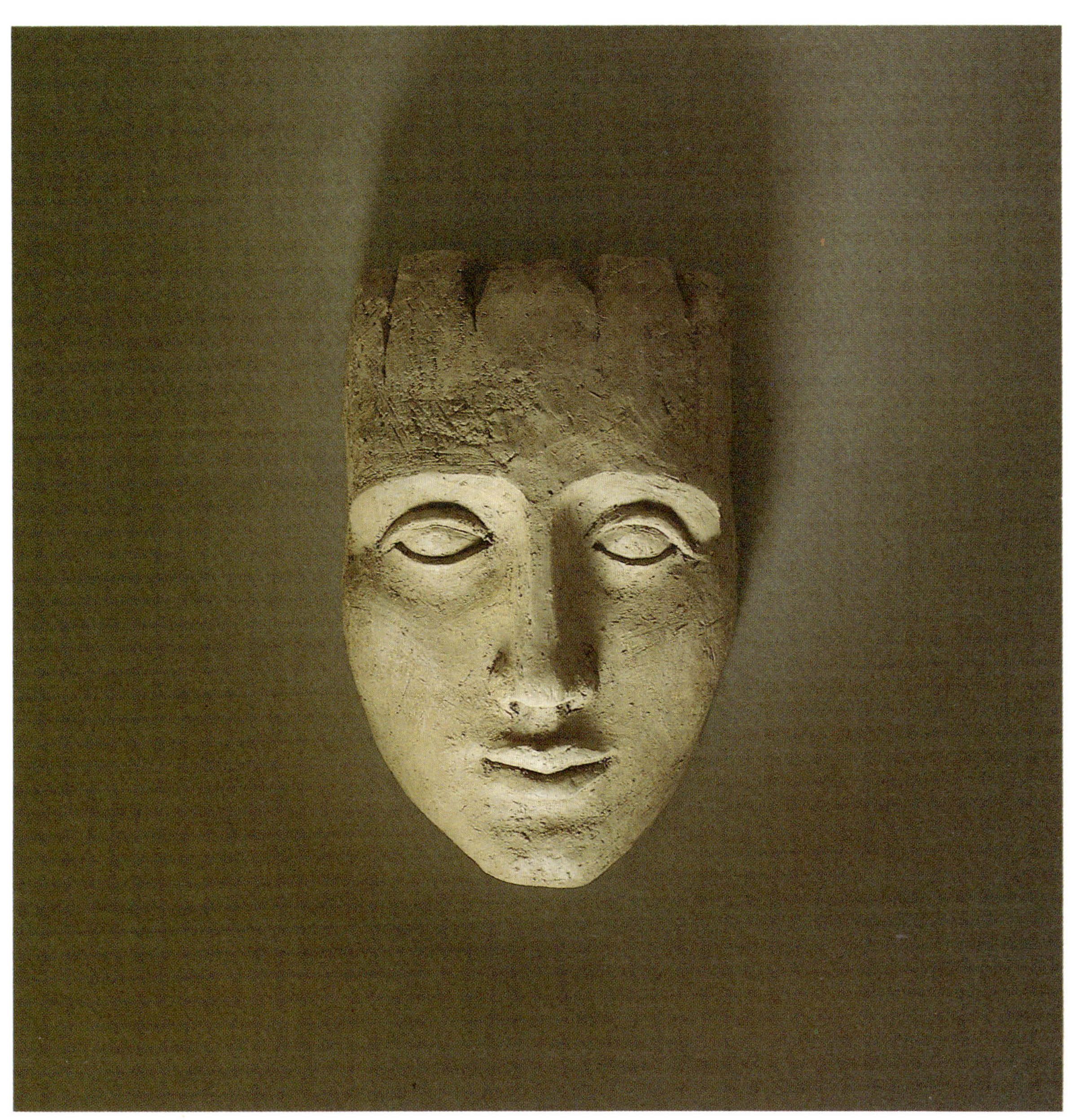

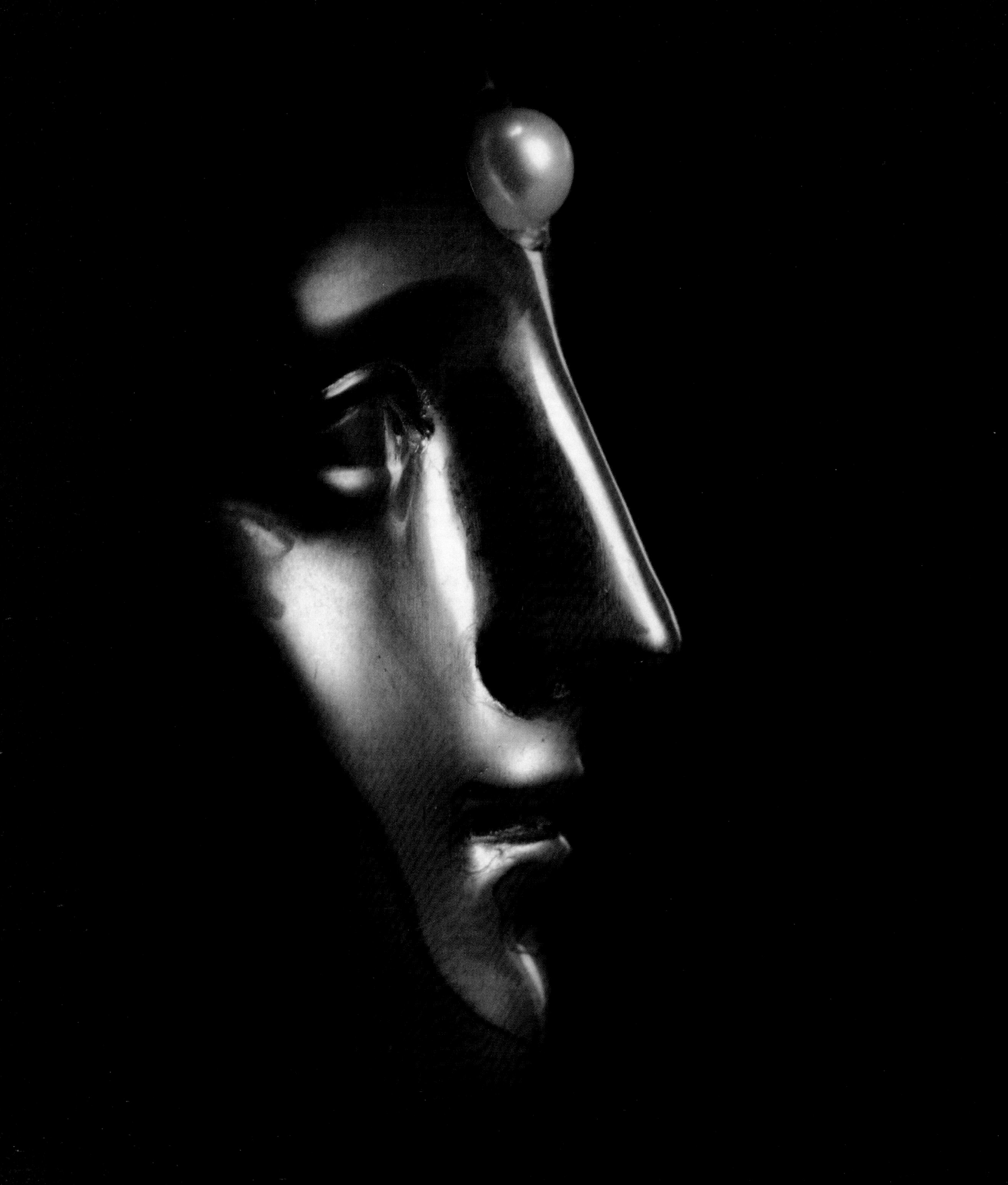

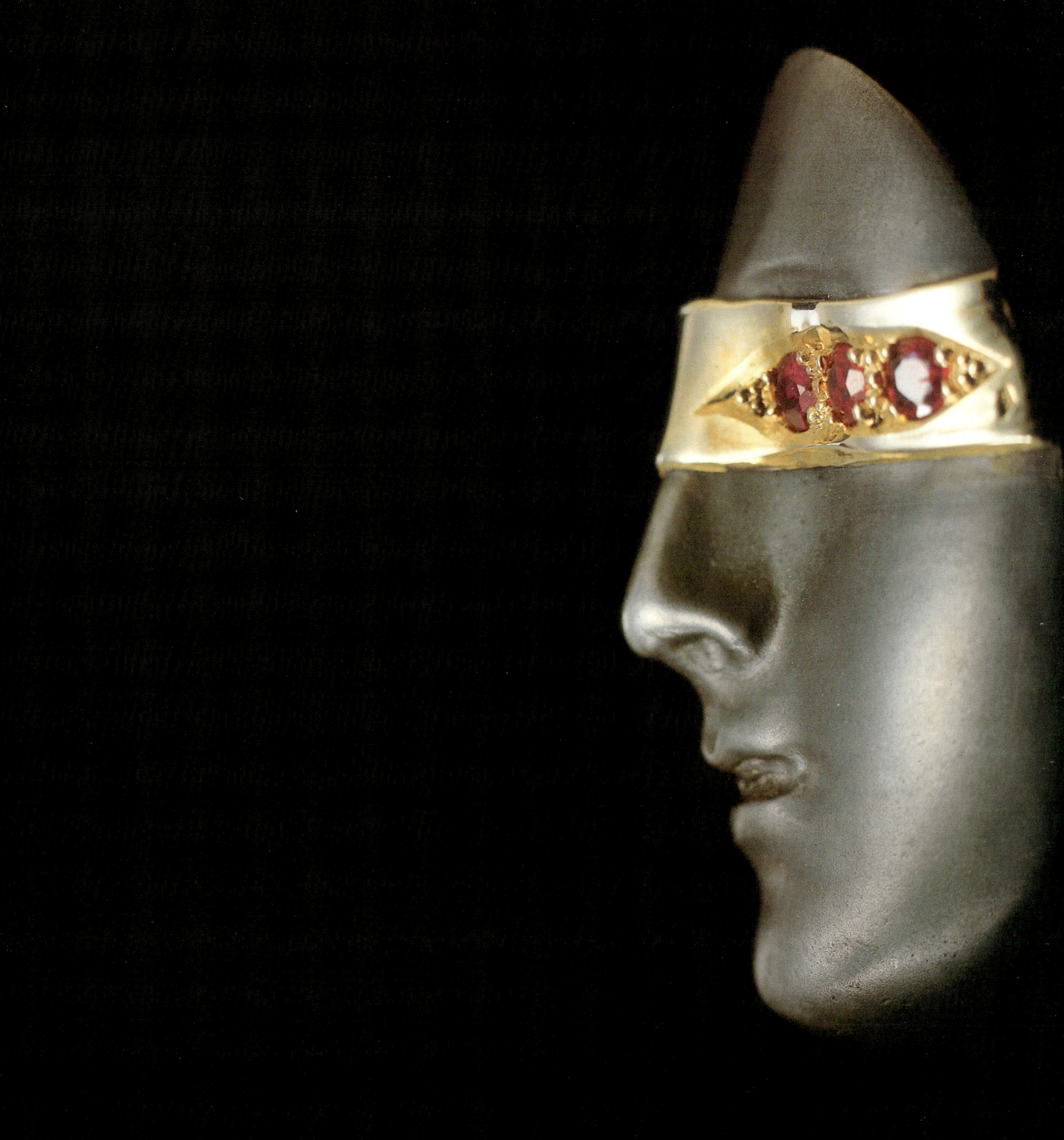

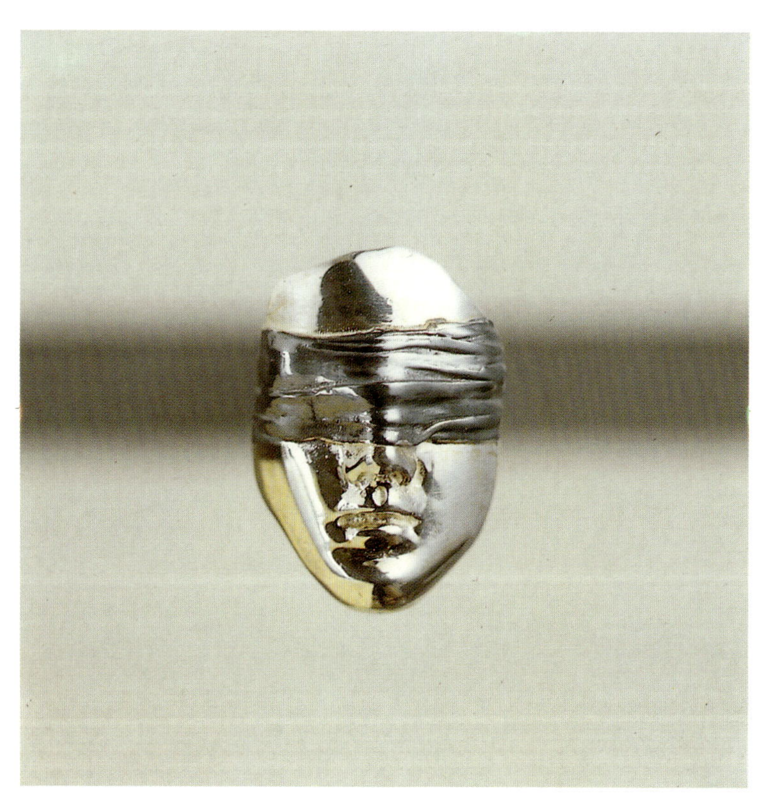

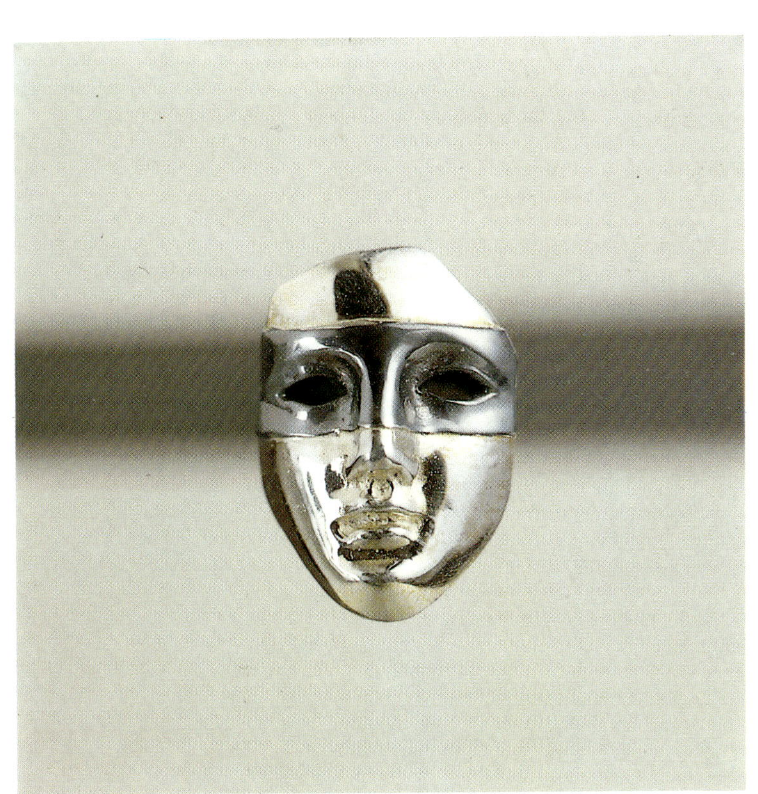

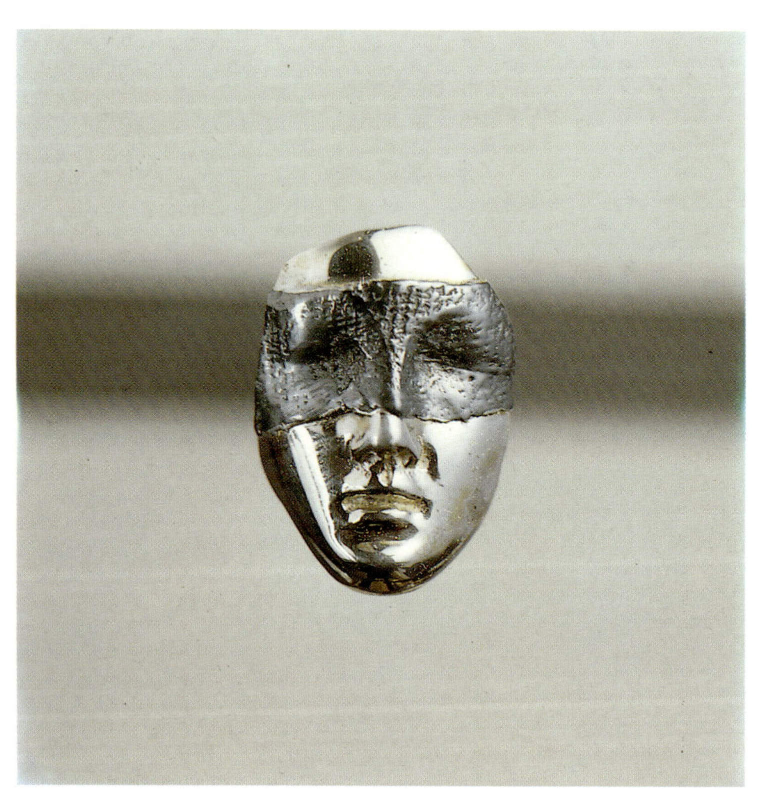

Dans un visage sans nom résonnent les chuchotements du monde.
Son regard, colporteur de mythes, transmet une sagesse du fond des âges.

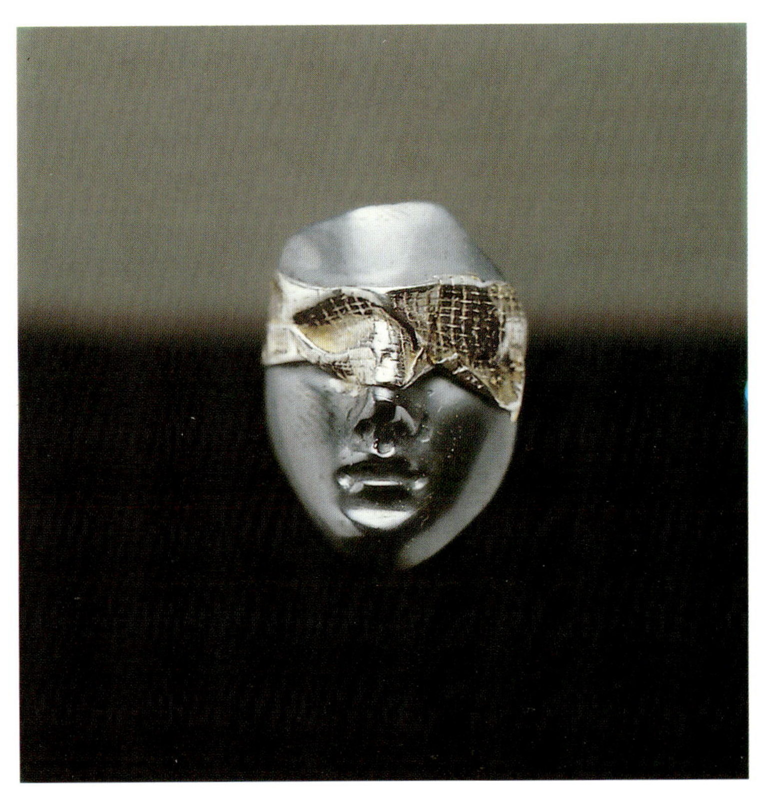

Le sourire s'amorce et nous ne sommes plus que mémoire éblouie.
Rien qu'un désir penché sur celui qui le porte.

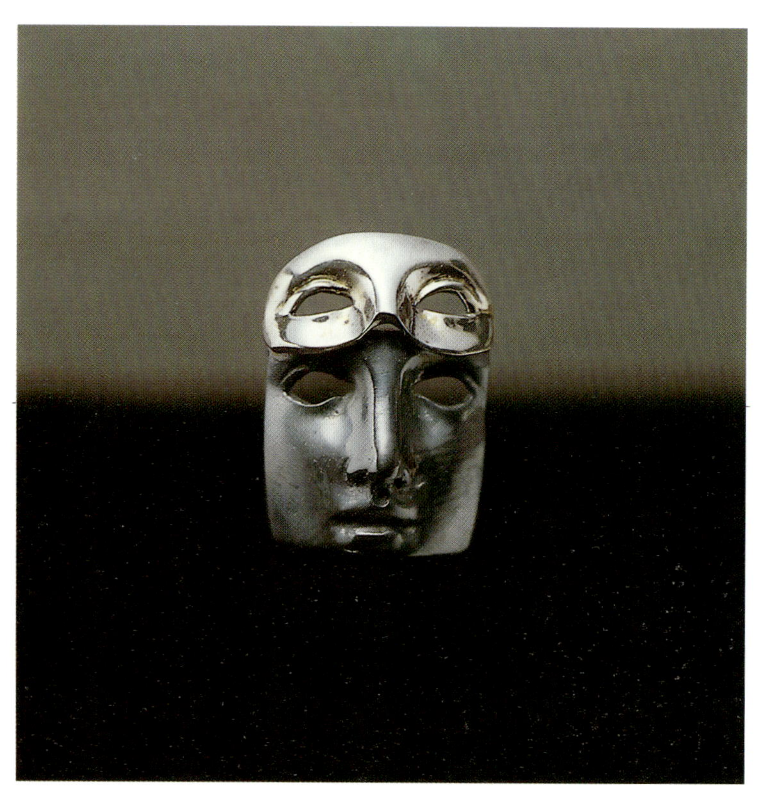

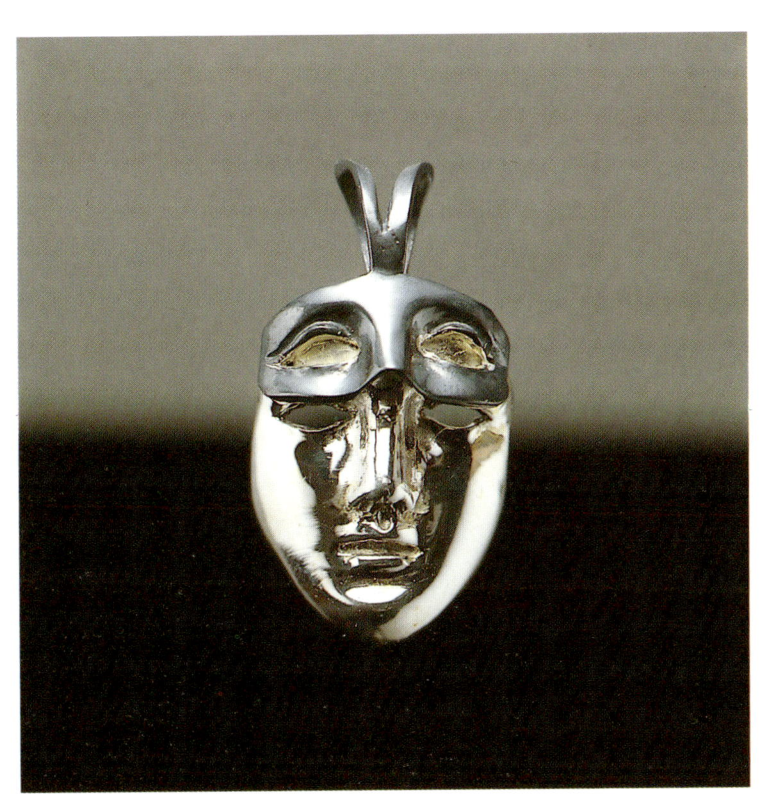

Comme un acte d'amour, lentement,
L'outil pénètre la terre.
Elle s'entr'ouvre et se lisse
Comme sous l'effet d'une caresse.
C'est toute la tendre féminité
Des rendez-vous frémissants
Avec la paume d'une main.

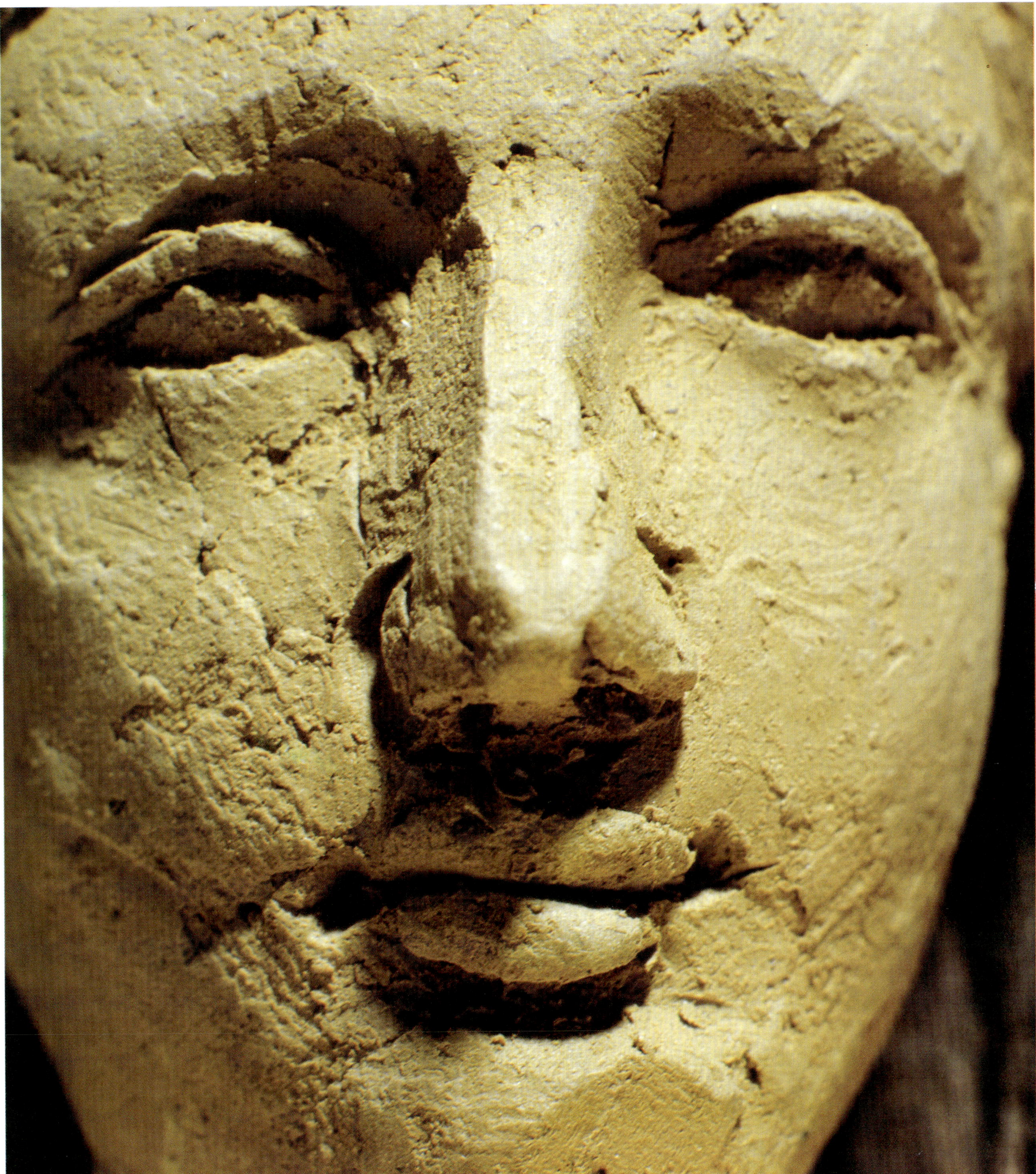

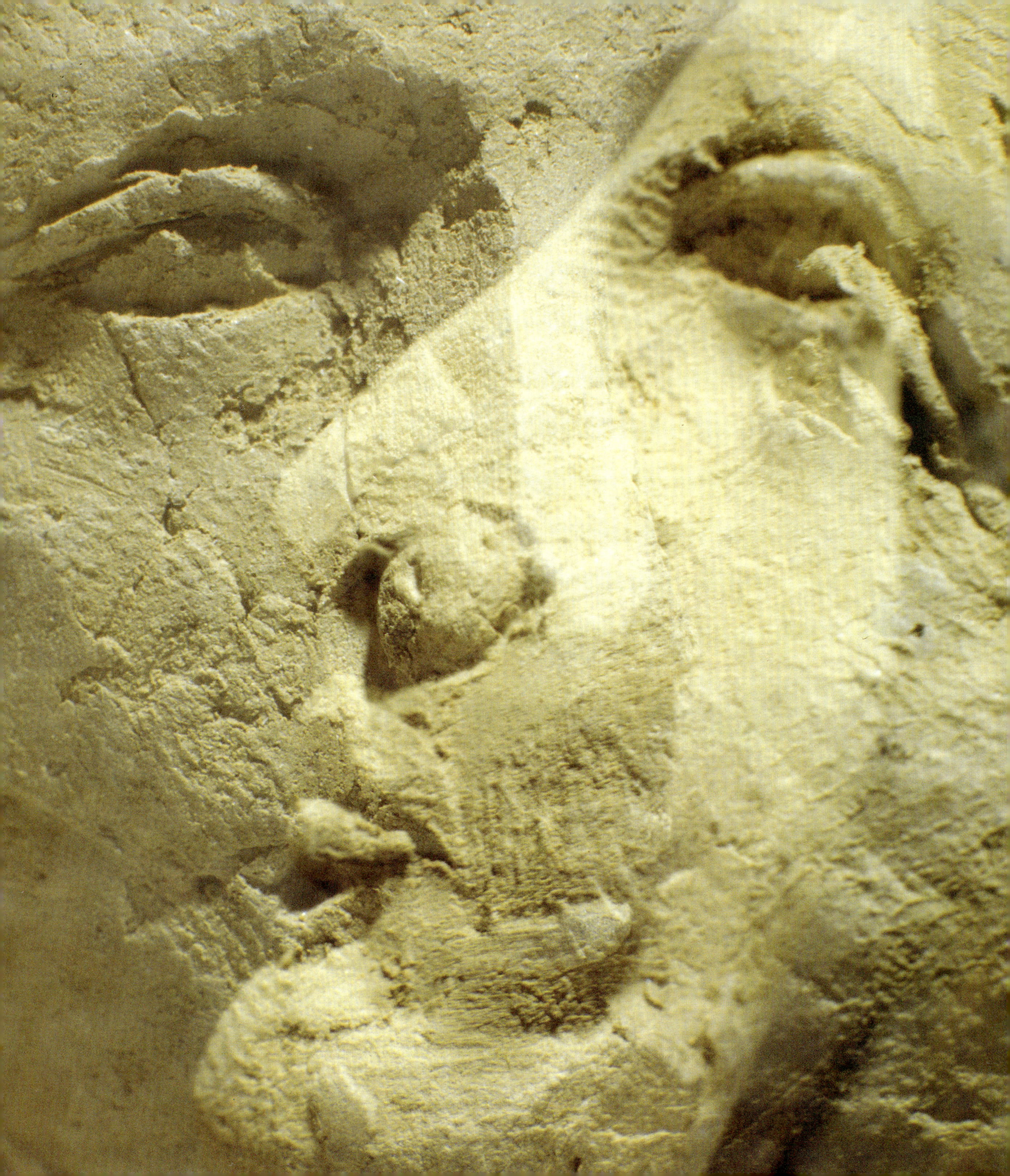

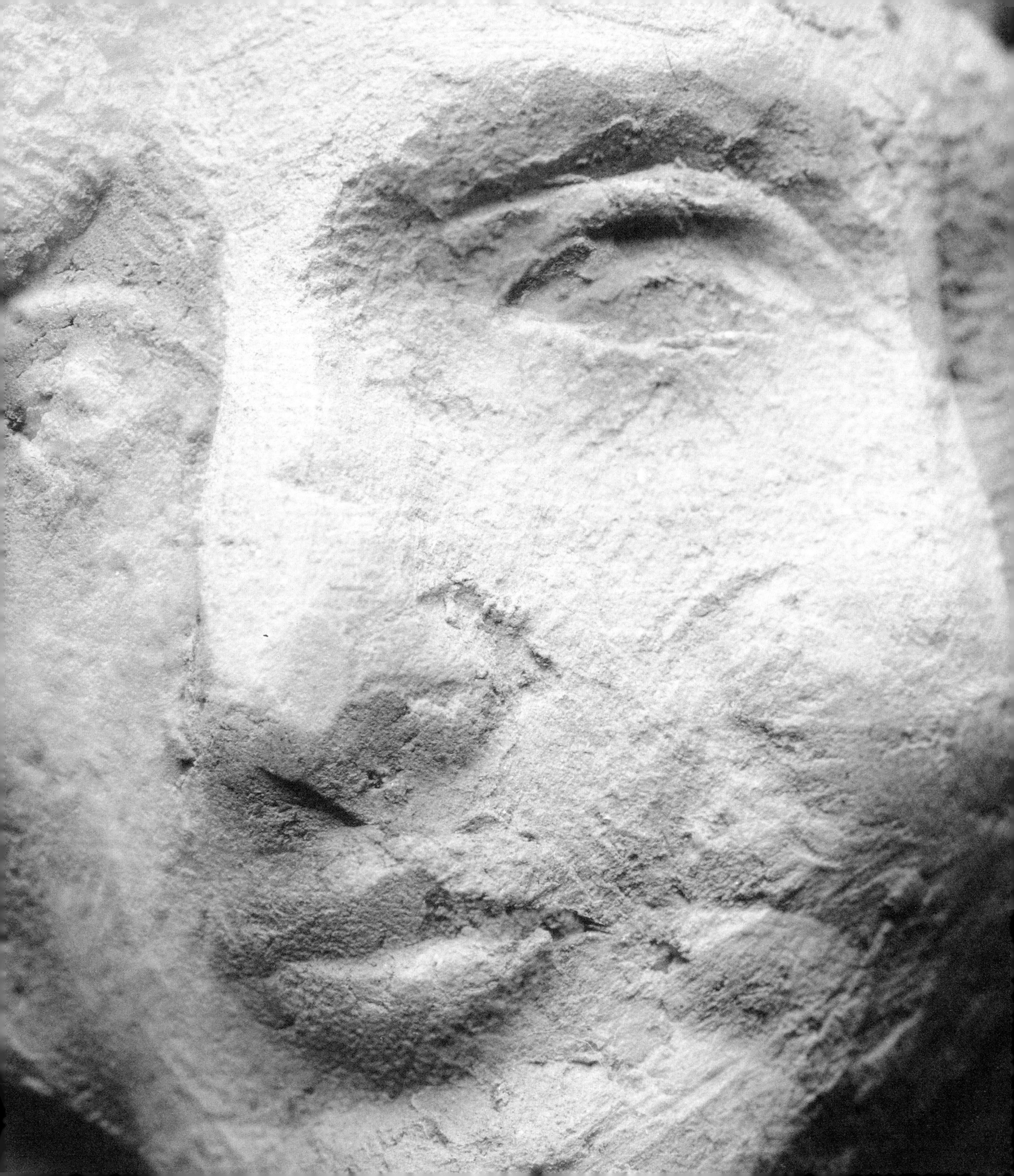

La technique de la coulée de l'or par «cire perdue» se perpétue depuis la plus haute antiquité. L'œuvre est sculptée en cire (jadis cire d'abeille), le fondeur y soude les canaux ou jets de coulée qui serviront à l'évacuation de la cire, l'arrivée de l'or et la sortie de l'air. L'œuvre en cire et ses multiples canaux forment l'arbre de coulée. Celui-ci est alors noyé dans un cylindre de plâtre réfractaire. Seul le pied de l'arbre en forme de cône émerge du cylindre. Une fois sec, le plâtre emprisonne définitivement la cire qui s'échappe en laissant son empreinte incrustée en négatif. Le cylindre réfractaire (à base de silite) est cuit à sept cents degrés puis placé dans une rotative (jadis fronde manuelle) pour recevoir l'or du creuset. L'or en fusion pénètre alors dans l'empreinte laissée par la cire... perdue. Le plâtre est ensuite brisé et laisse apparaître le positif en or. Le travail de finition (ébardage, émerissage, et polissage) achève le processus de coulée.

Les étonnantes caractéristiques de l'or lui ont valu de se placer au dessus de tous les autres métaux. Outre le fait qu'il est inaltérable, sa ductibilité est inégalée : un gramme d'or peut s'étirer en un fil de trois kilomètres et peut être affiné en feuilles de 0,0001 mm d'épaisseur qui laissent filtrer une pâle lumière verte. Il n'est pas étonnant que, dans toutes les civilisations, l'or ait été assimilé au métal divin.

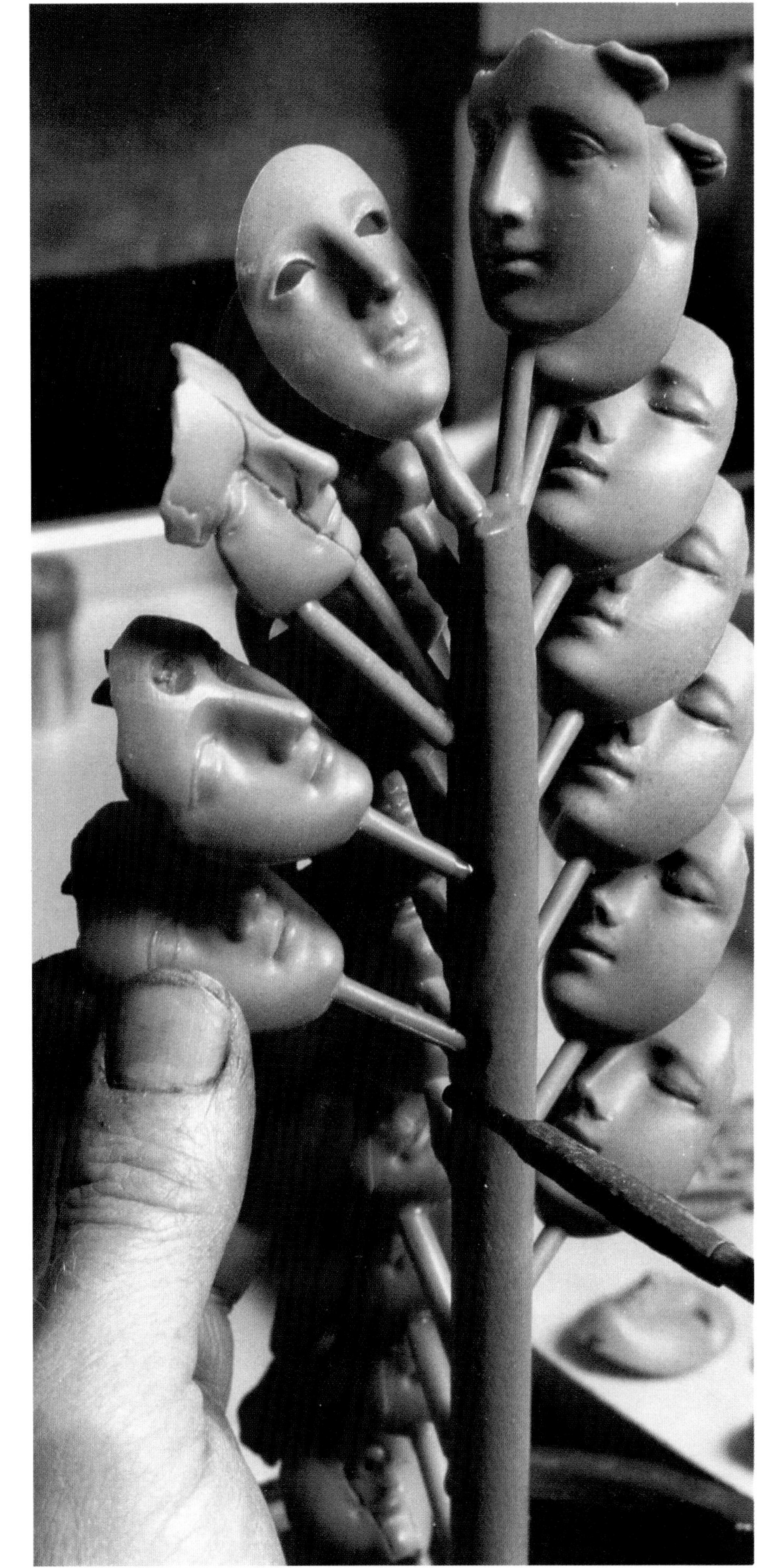

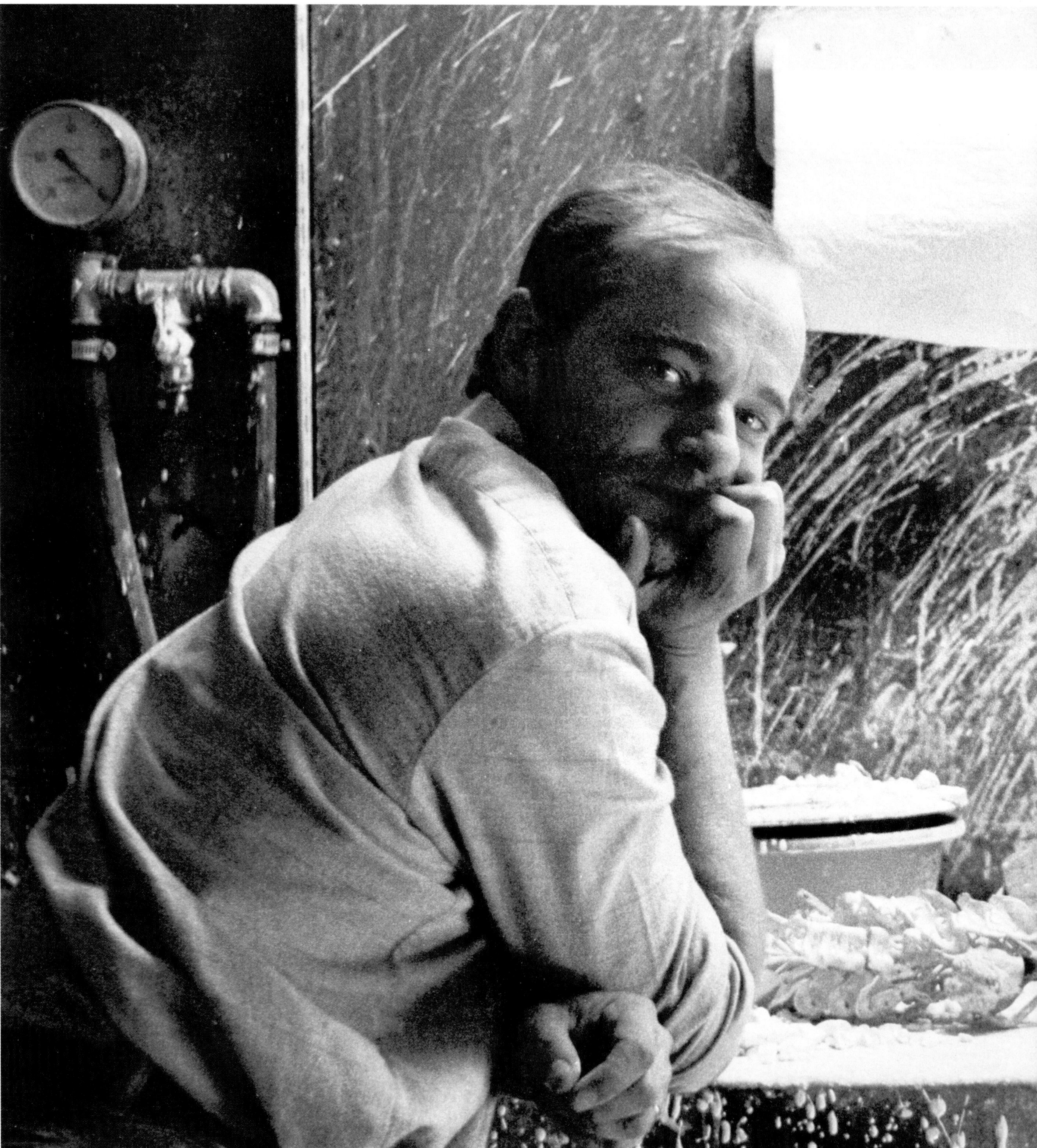

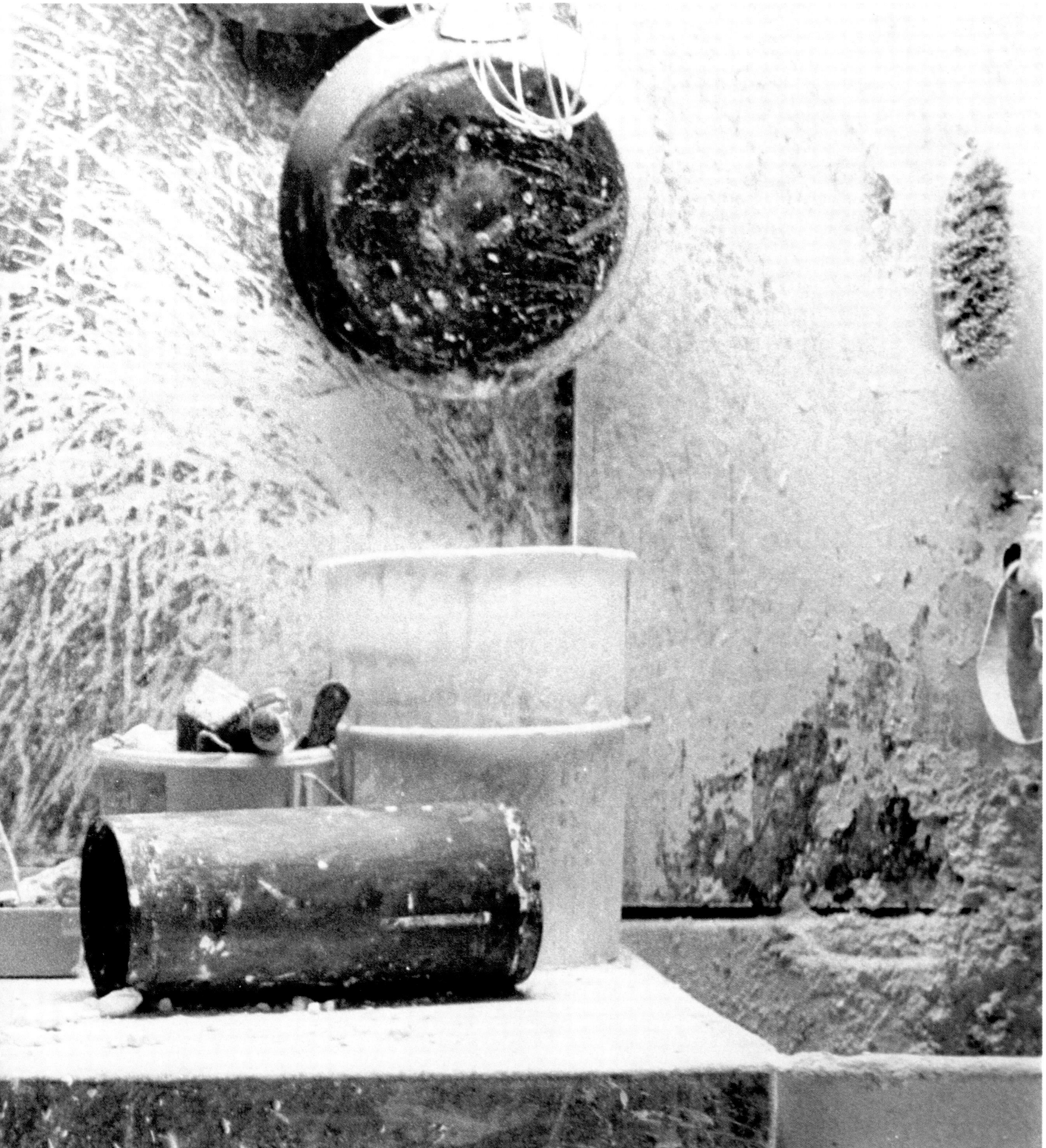

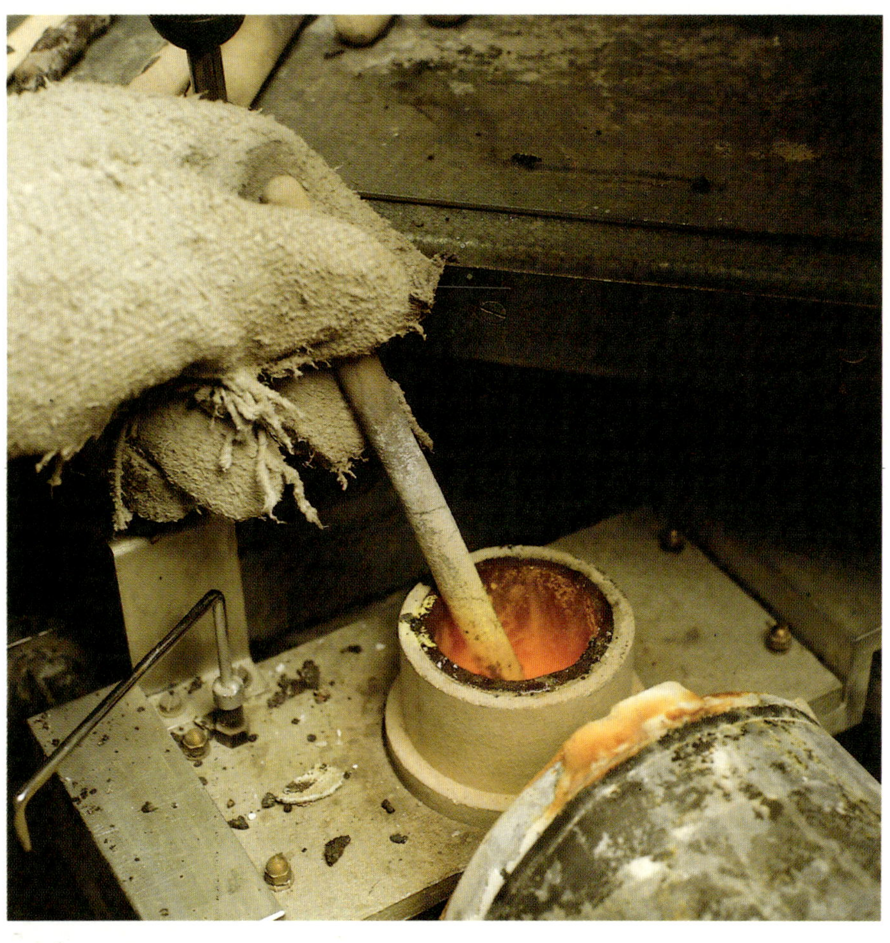

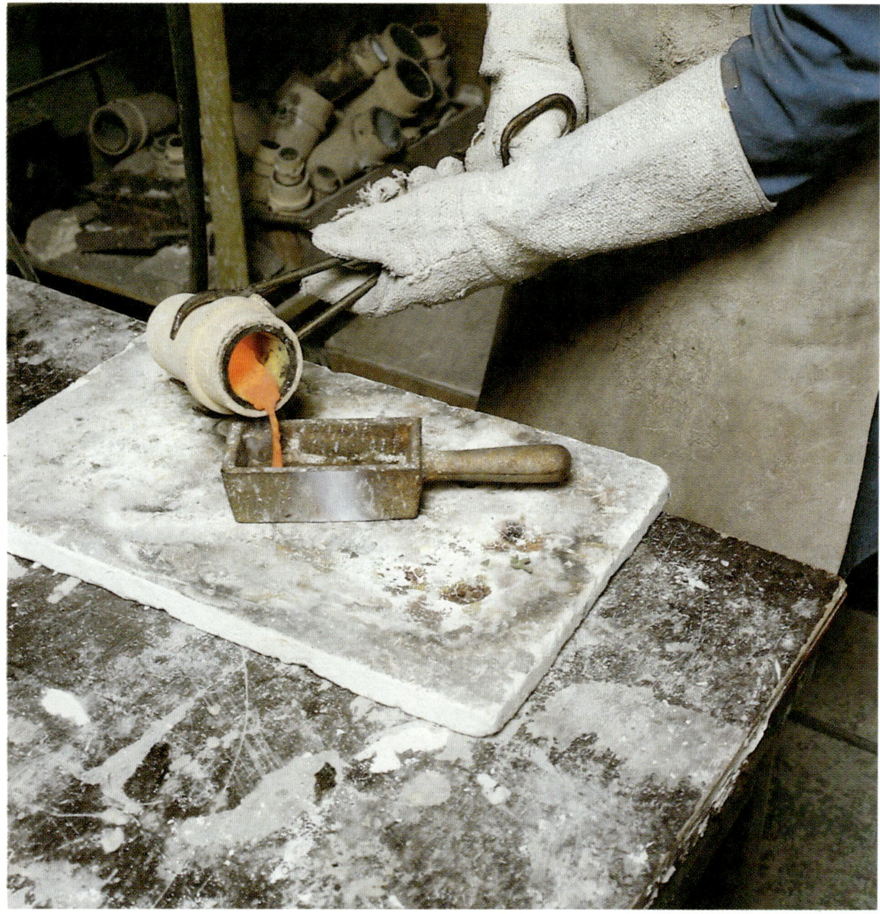

Artisans appliqués au grand soleil
journalier de l'or,
Maître fondeur et maître patience.
Rien n'aboutirait sans leurs
immenses fours d'enfer et de joie
qui couvent la belle fusion de l'or.
Ils prennent l'aspect de faiseurs
de lumière dans la folle alchimie
des rêves créateurs.

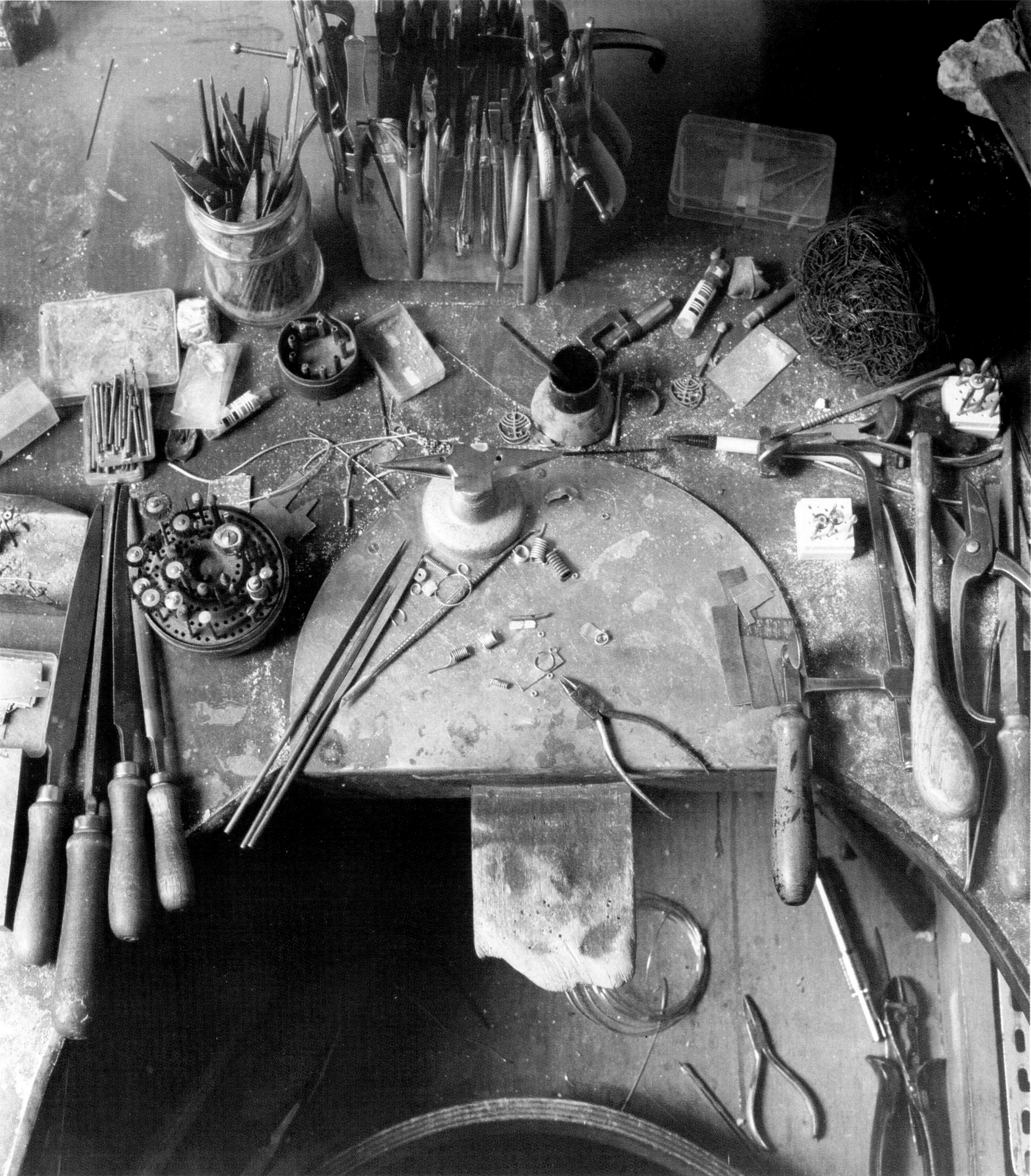

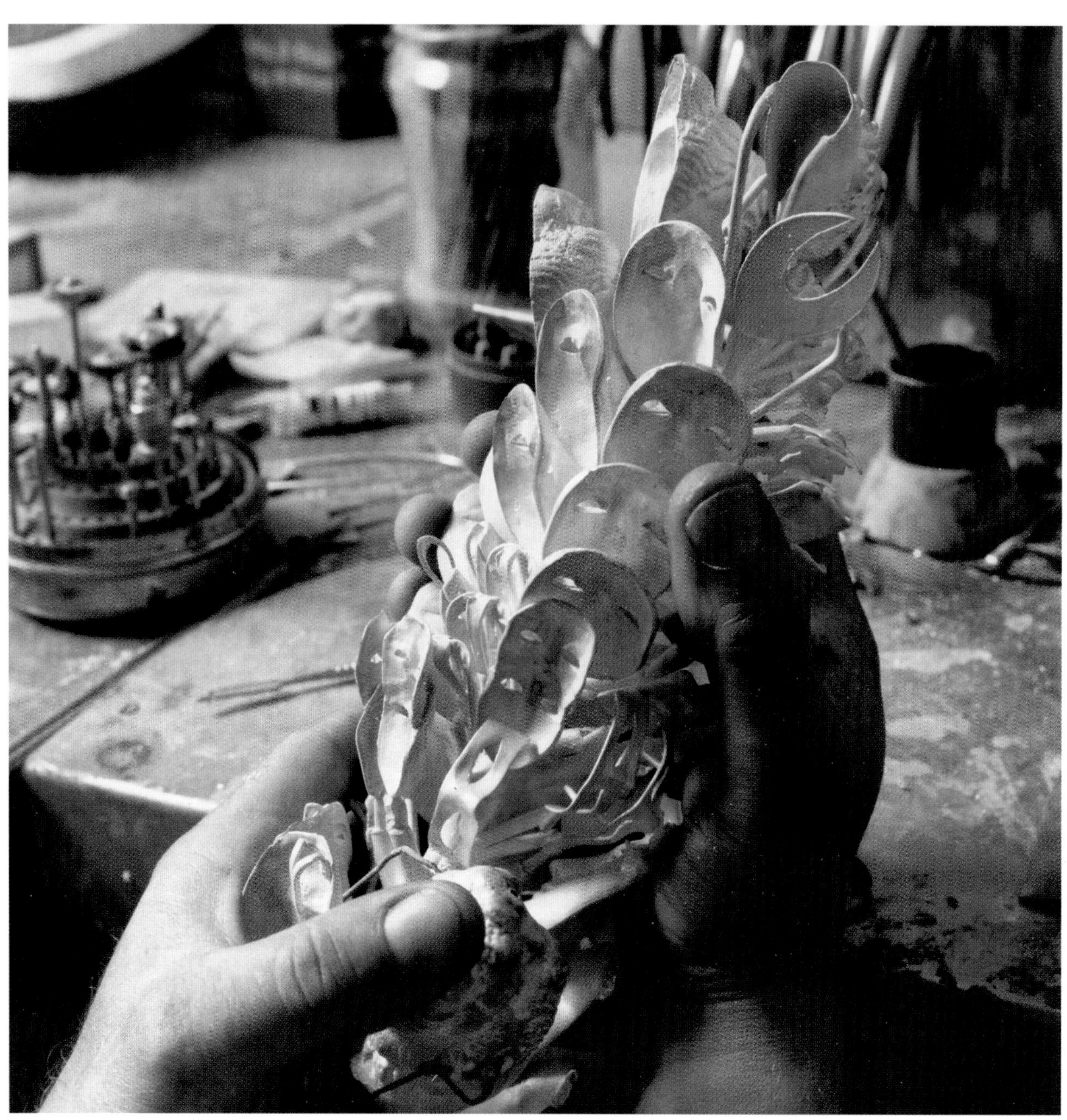

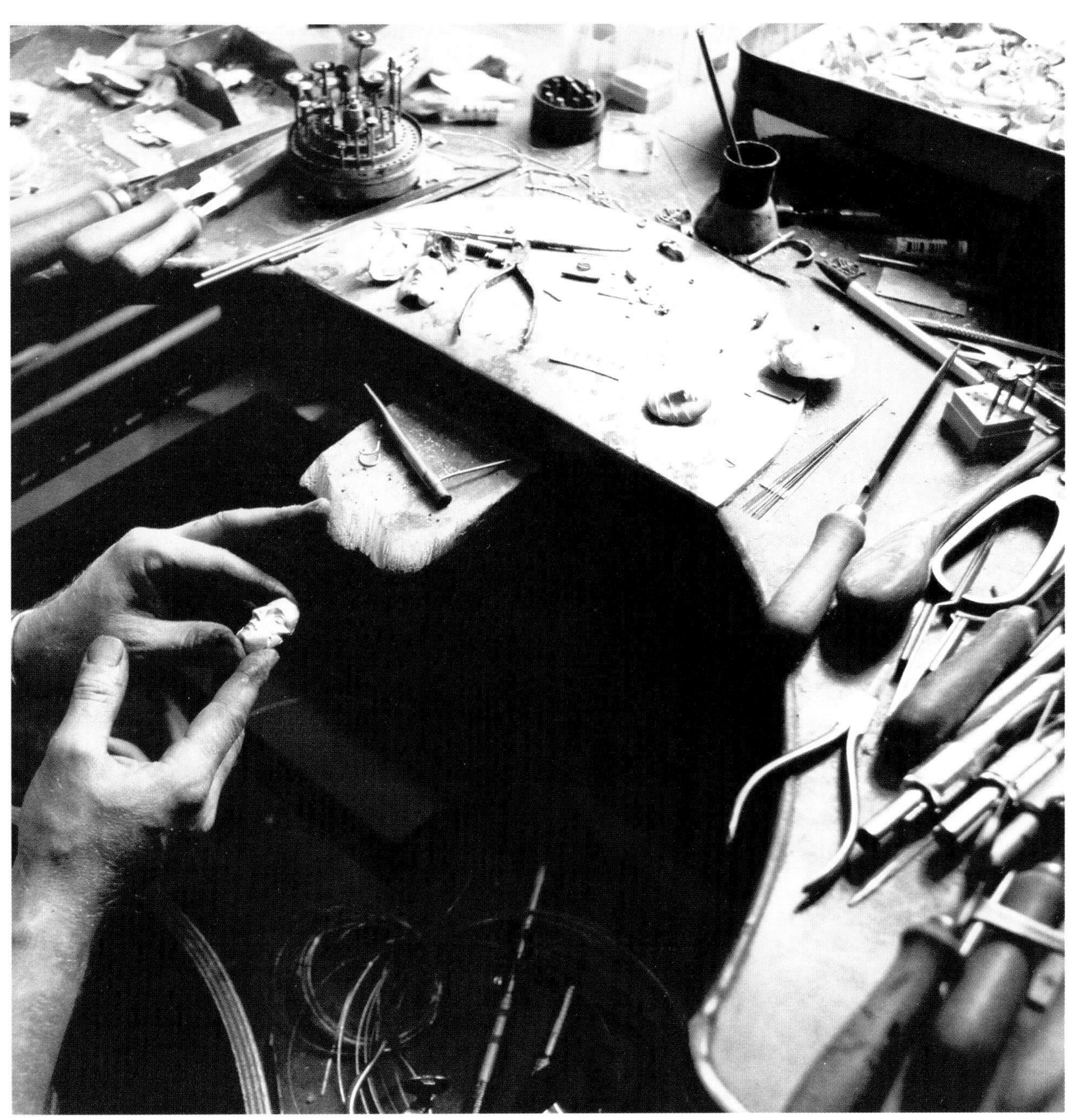

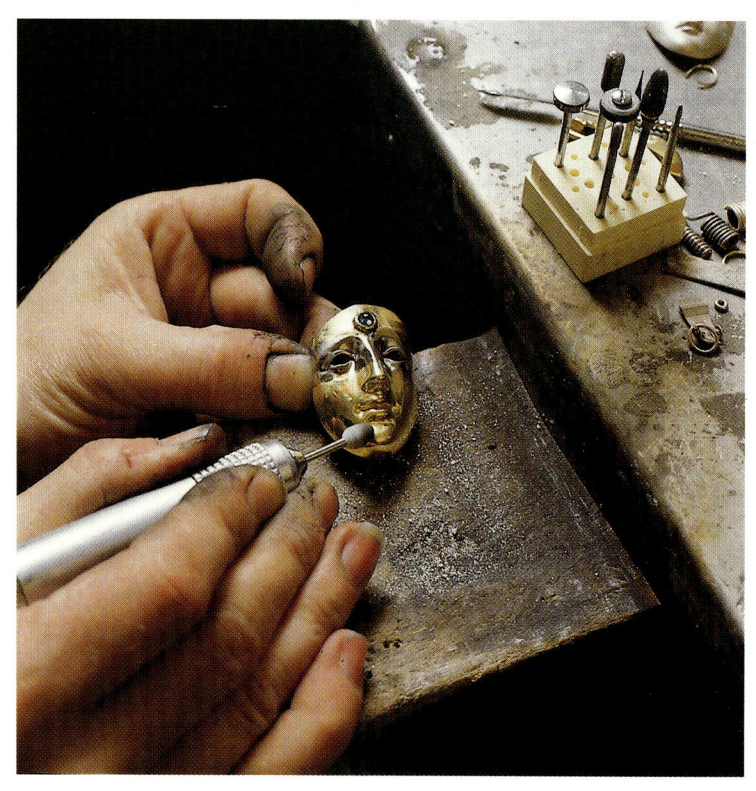

Ebloui de pureté,
Il cherche au bout des doigts
L'évidence de la lumière.
Il touche l'or de la quête démesurée
Et une brèche s'ouvre dans le silence.
Le désir au creux des mains
Lui fait tout voir avec des yeux de soleil.

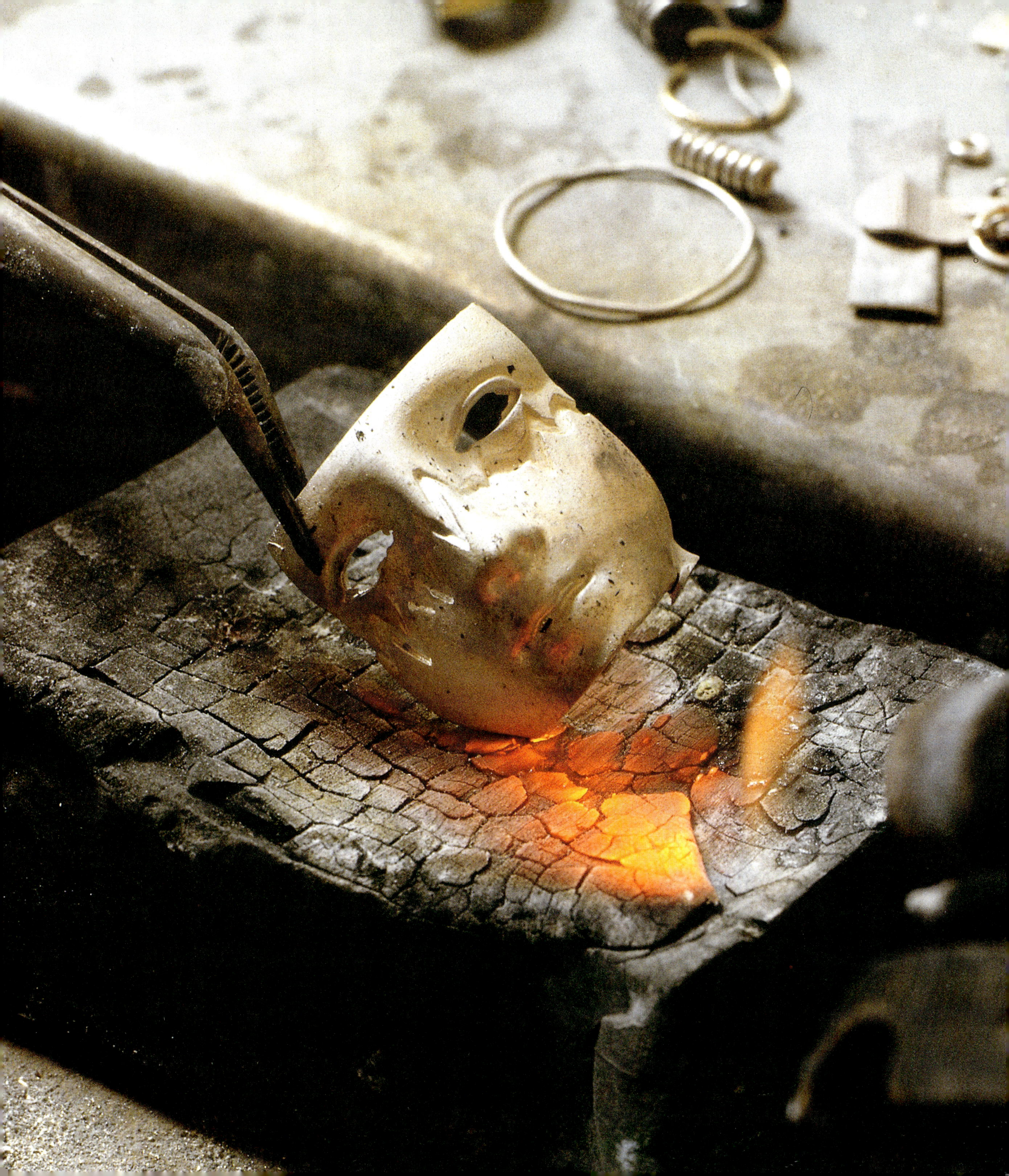

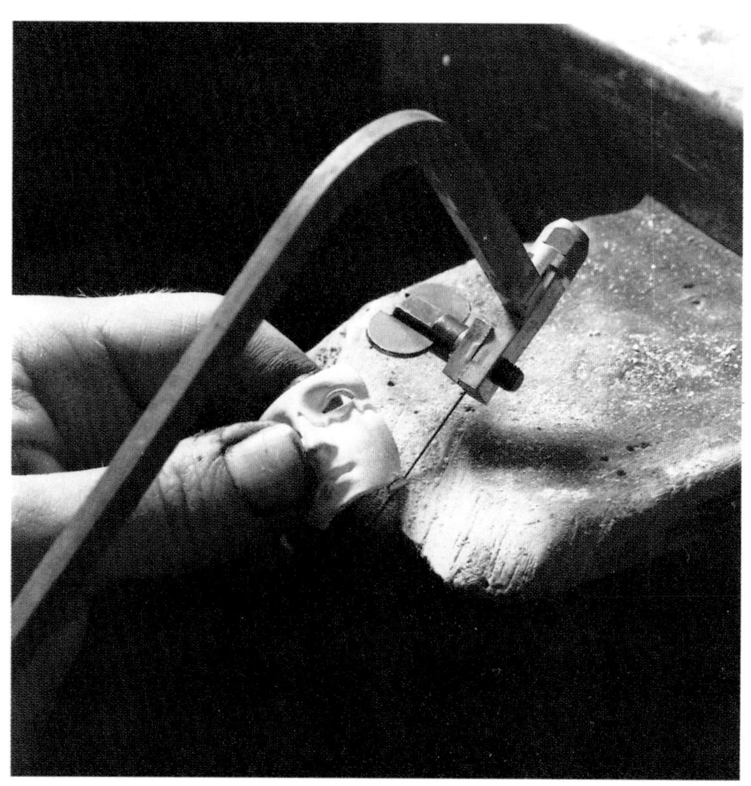

Je ne sais quel rêve oublié surgit à la lisière des mains.

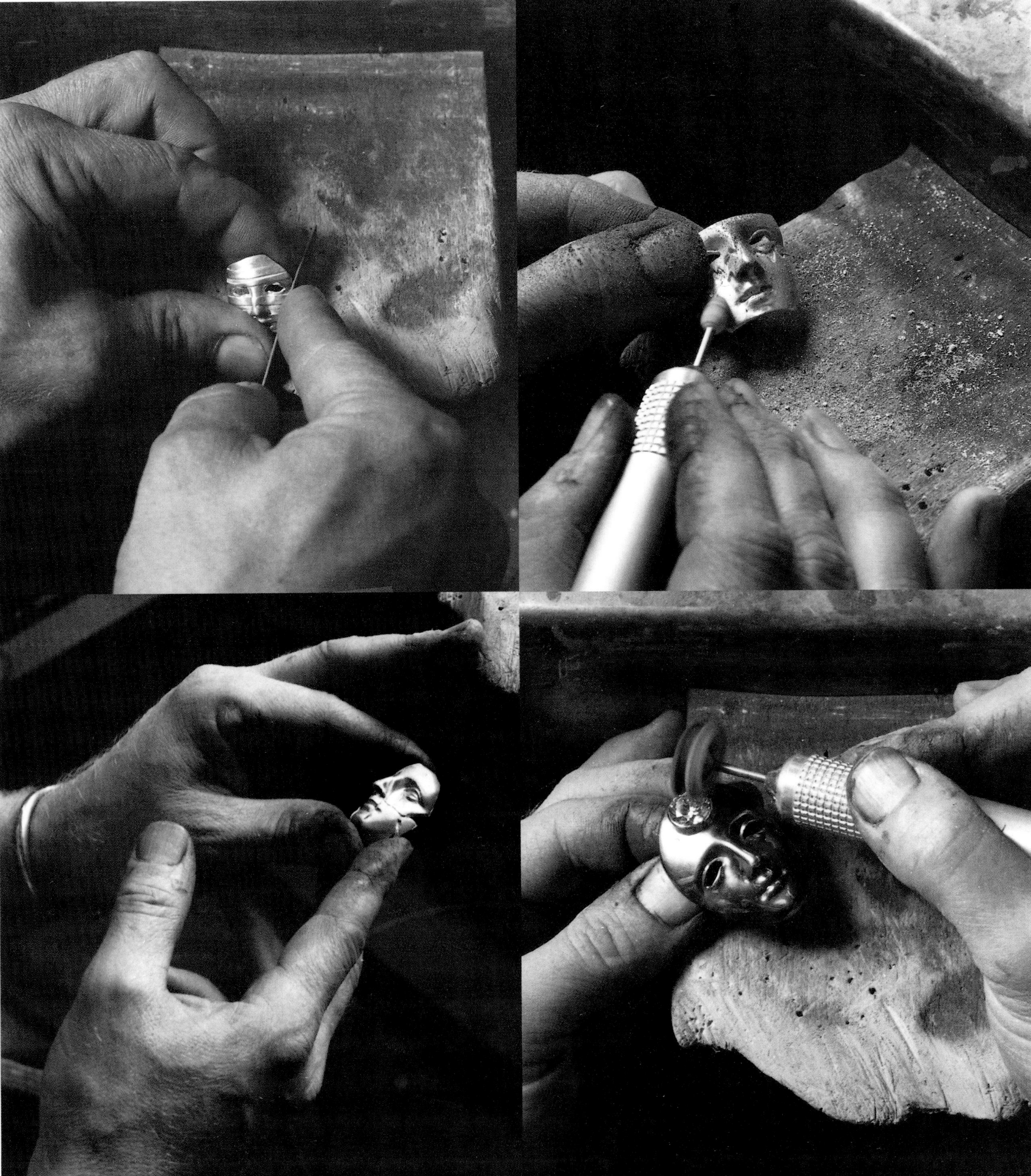

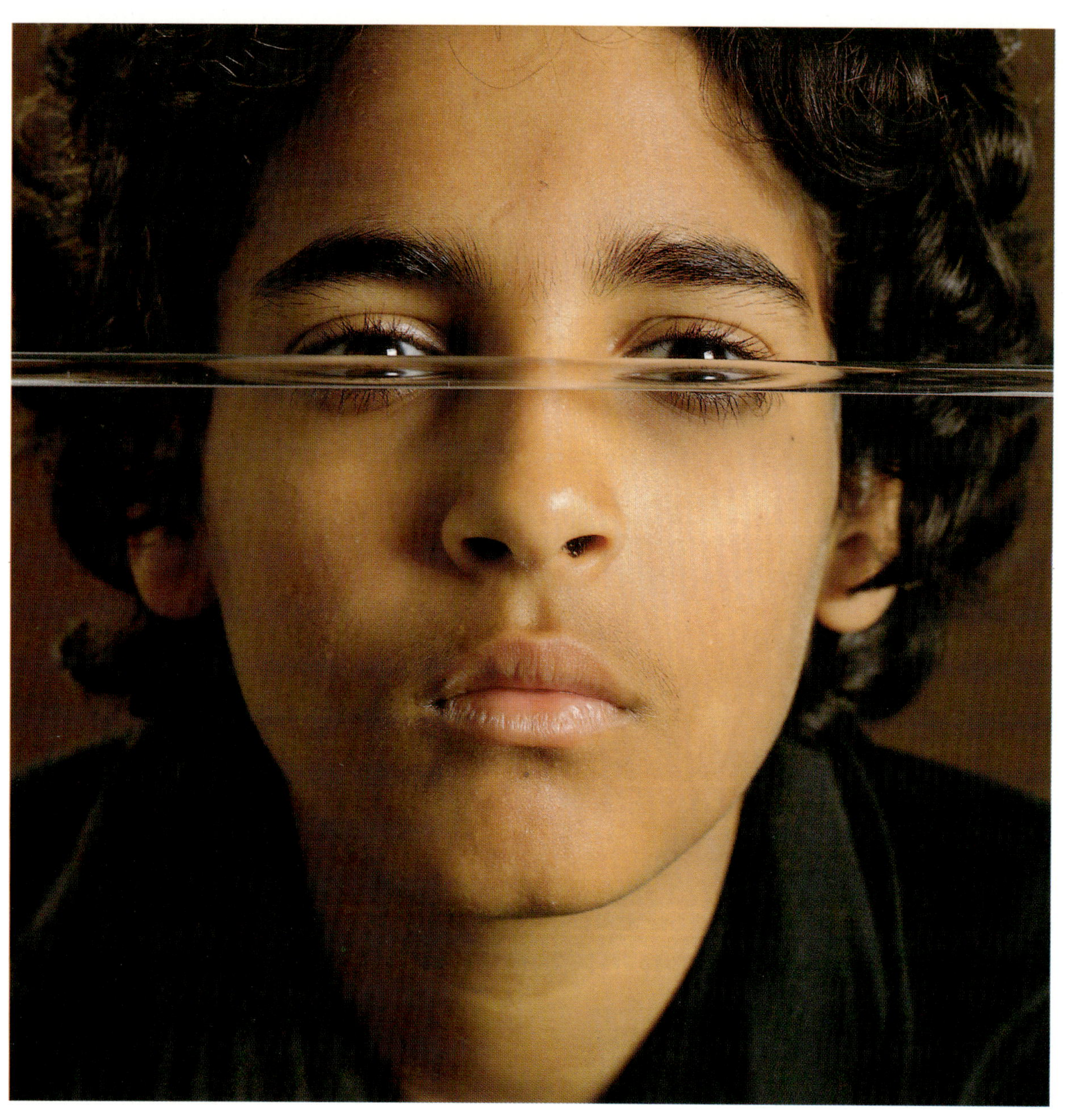

Chaque forme a sa musique,
Sa vibration sublime et délicate.

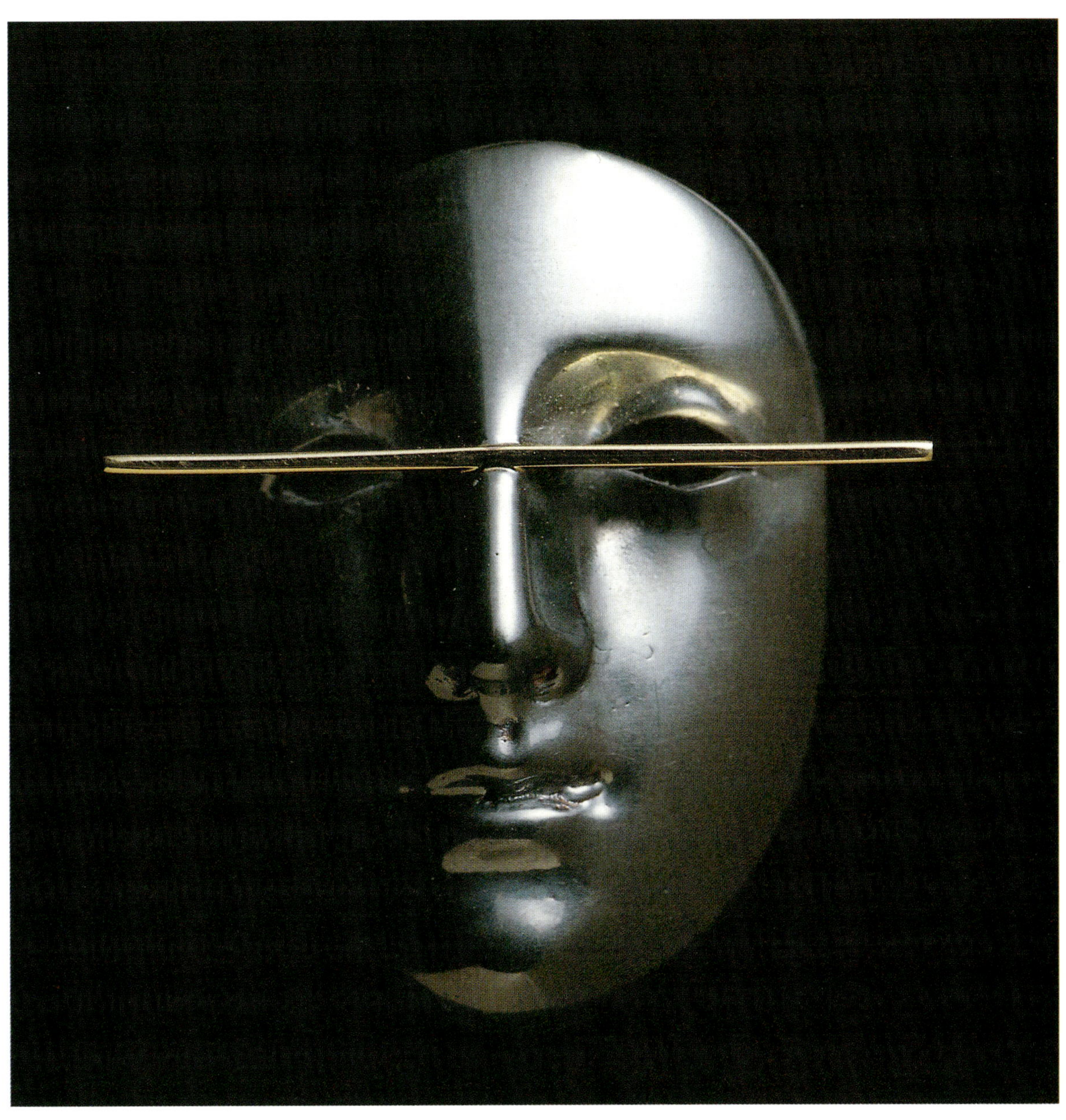

Quand le regard saisit les nuances,
L'esprit repousse les certitudes.
Il faut écouter de plus en plus...

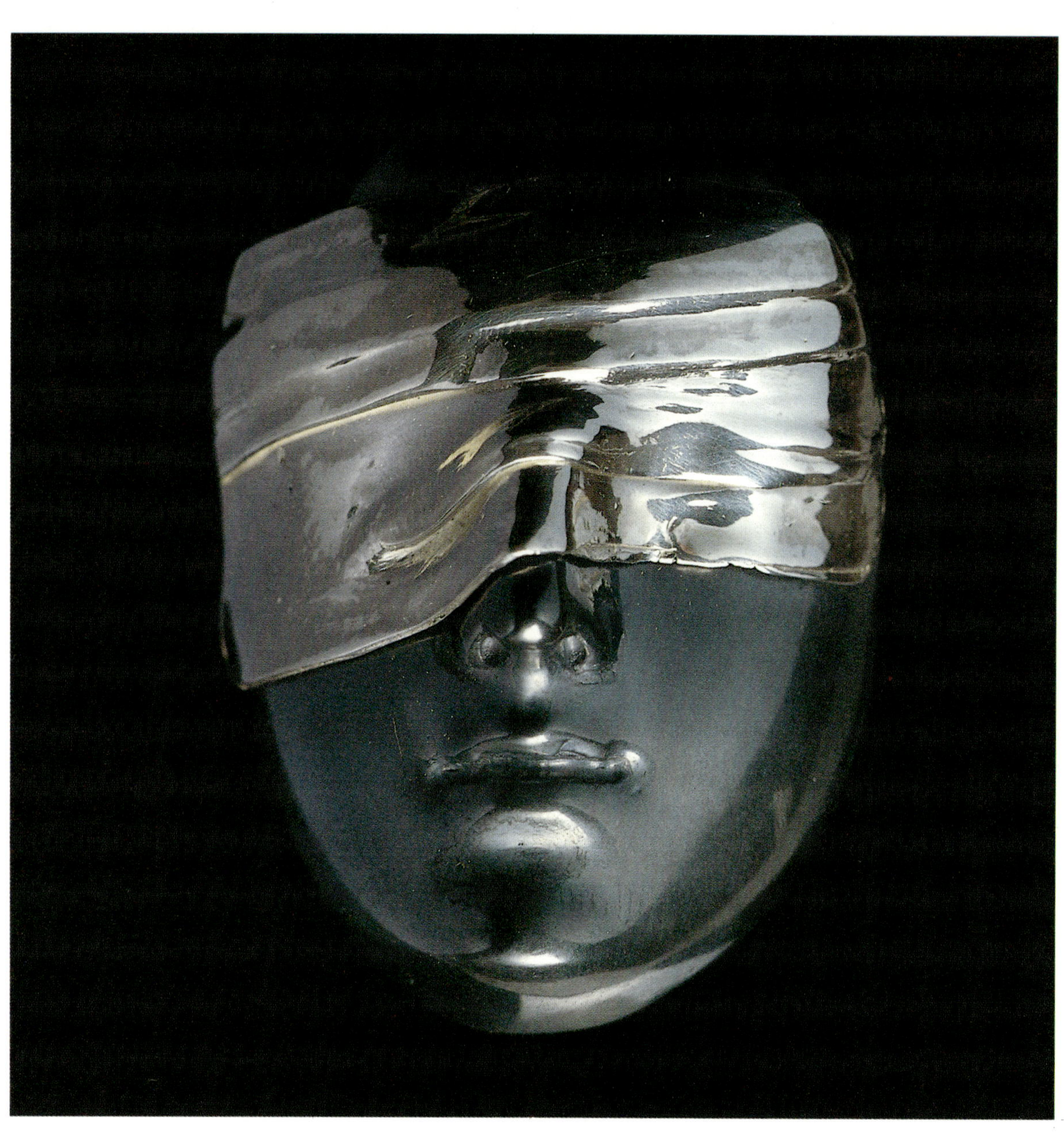

A peine croit-on découvrir un visage
Qu'il échappe en infimes variations.
Une ombre en lui façonne le volume déroutant,
Une commissure de lèvres bouleverse l'essentiel...
C'est tout cela qu'il faut saisir,
En des nuances de fin du monde.

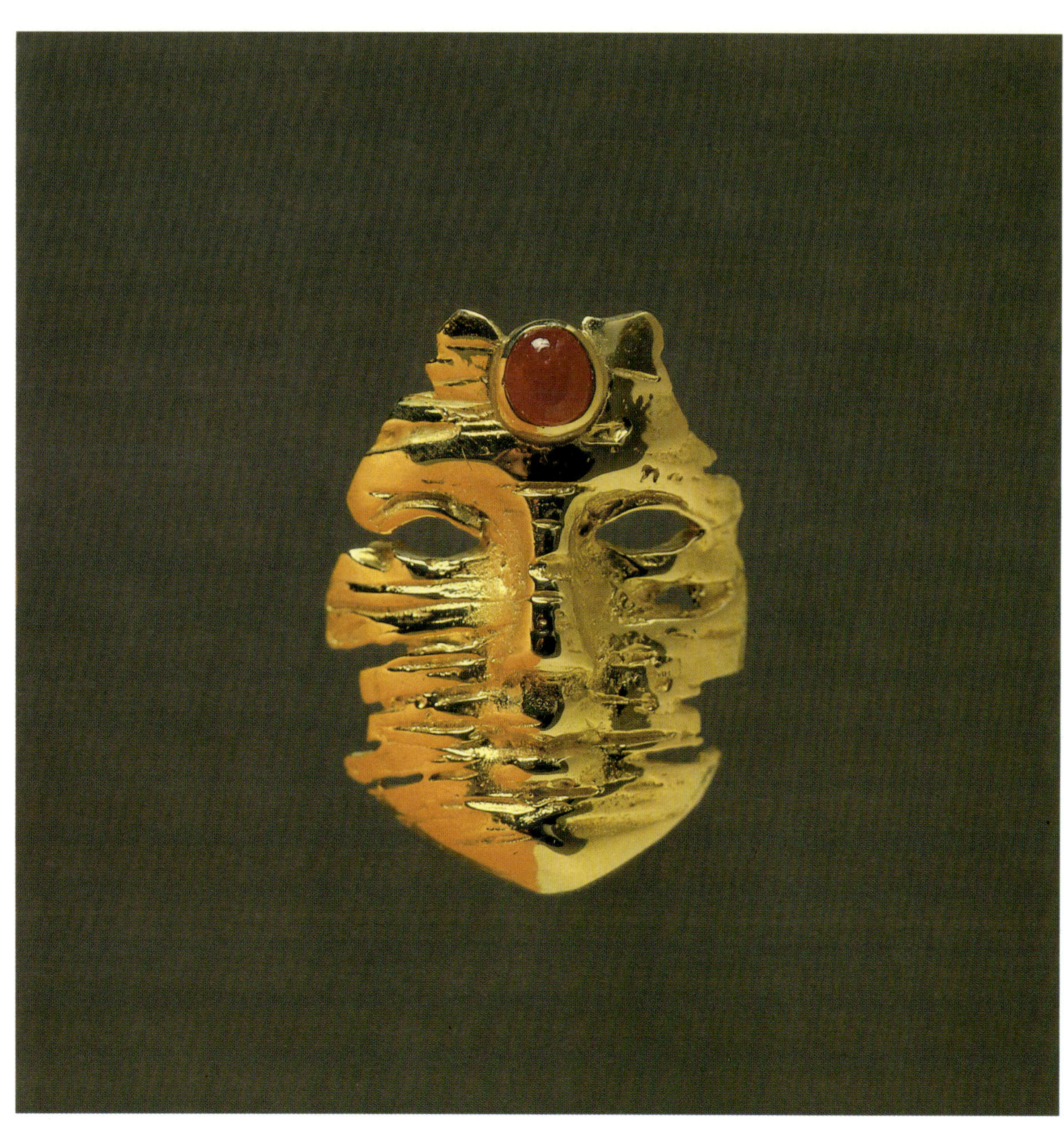

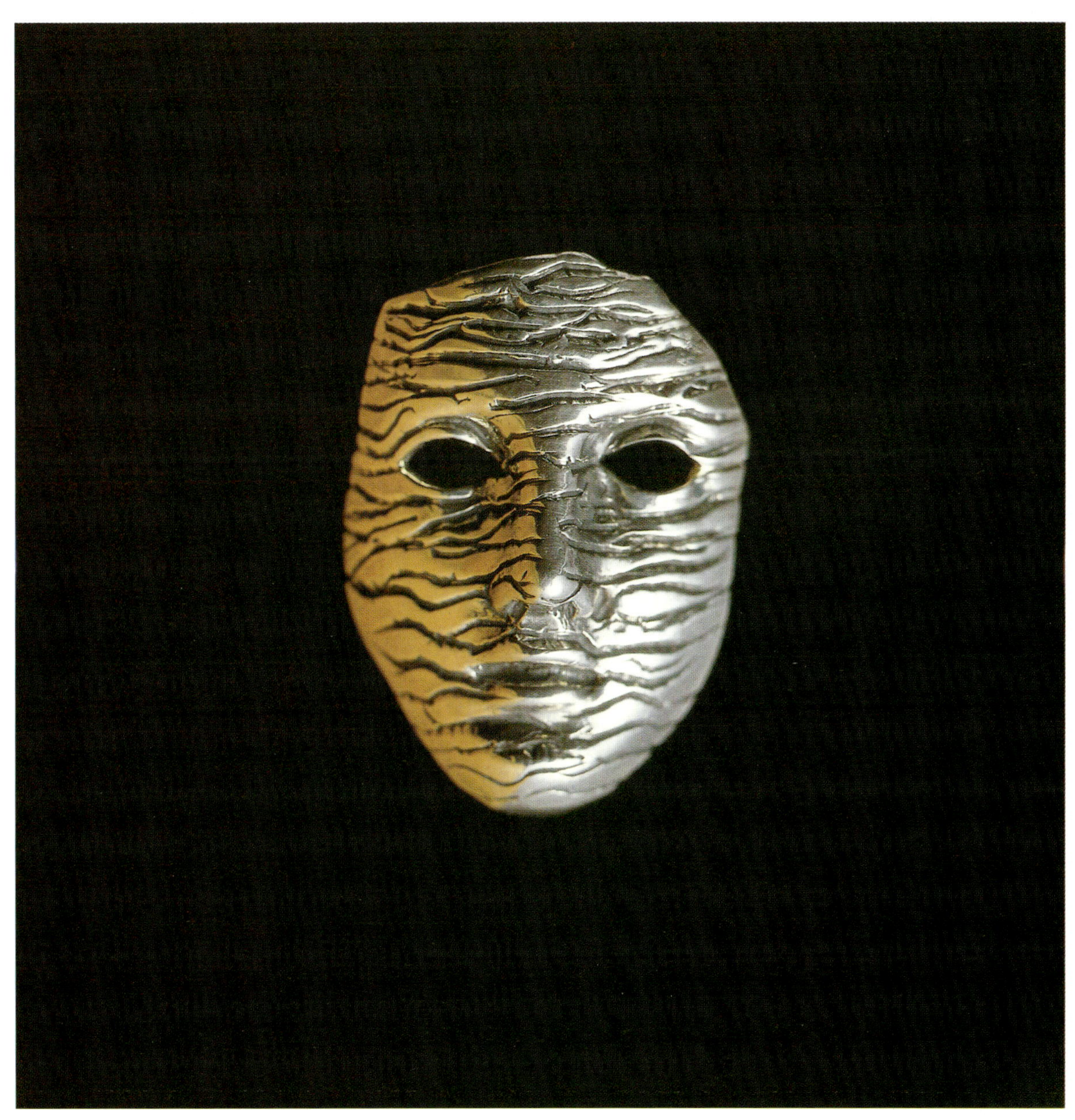

Je ne chercherai rien derrière leurs yeux,
car leurs paupières retiendront le secret.

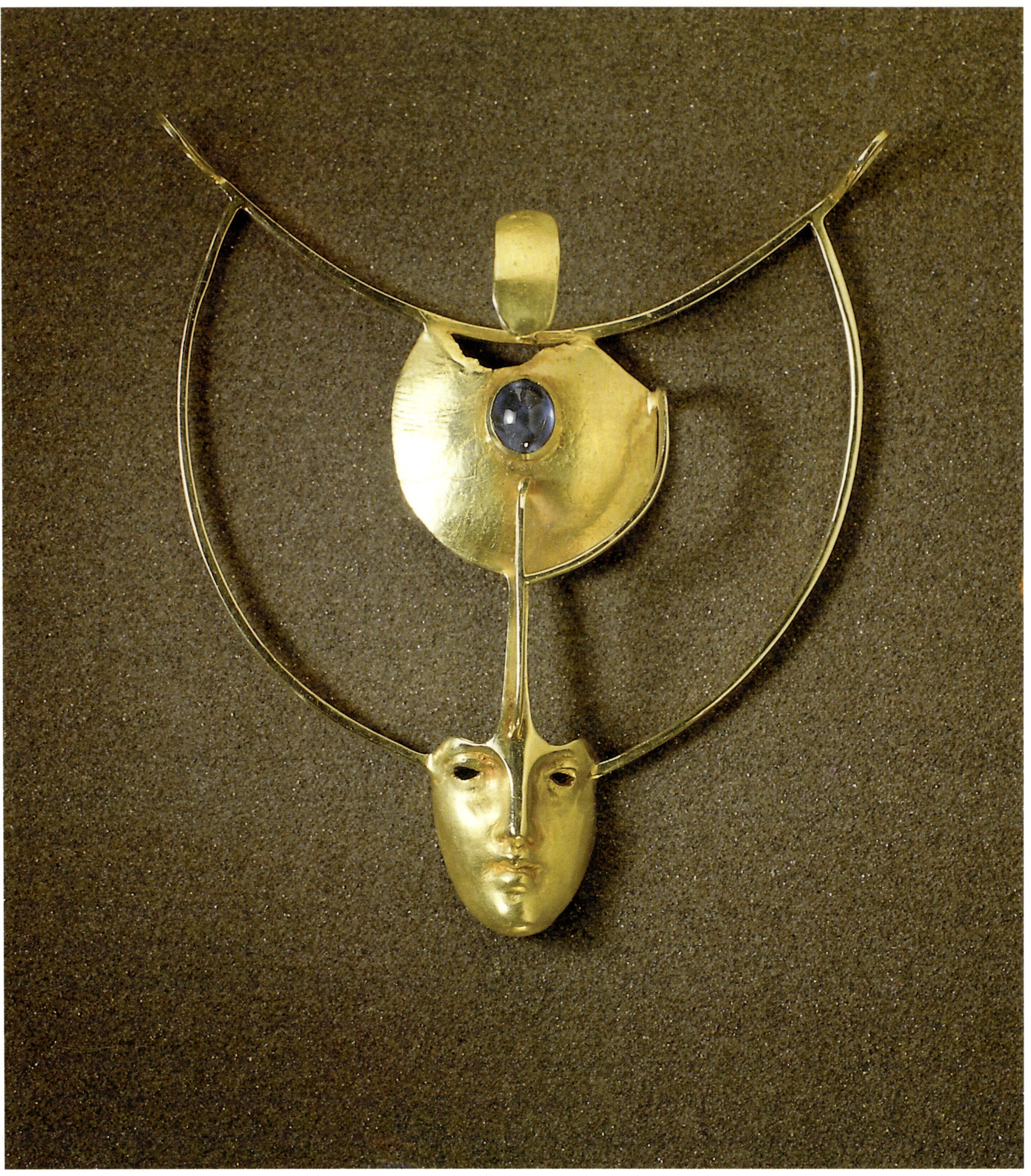

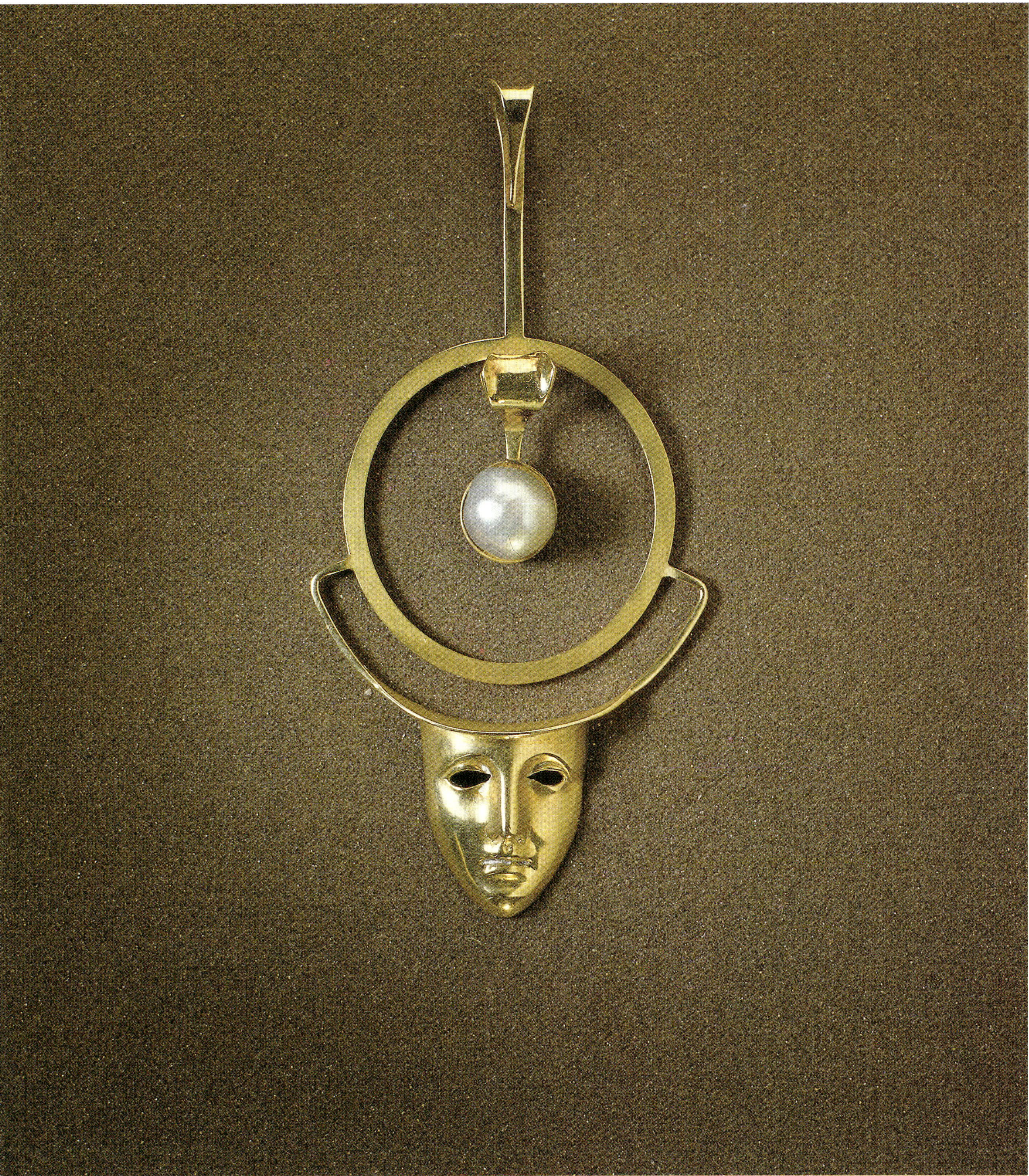

Parfois, au moment de sculpter un visage, j'ai comme le sentiment
de commettre un sacrilège.
C'est comme si je touchais au grand œuvre du monde et que, dans mon
obstination à rendre le regard, se dissimulait une énigme, un secret.
Et je voudrais comprendre de quel secret il s'agit.

J.M. Fievez

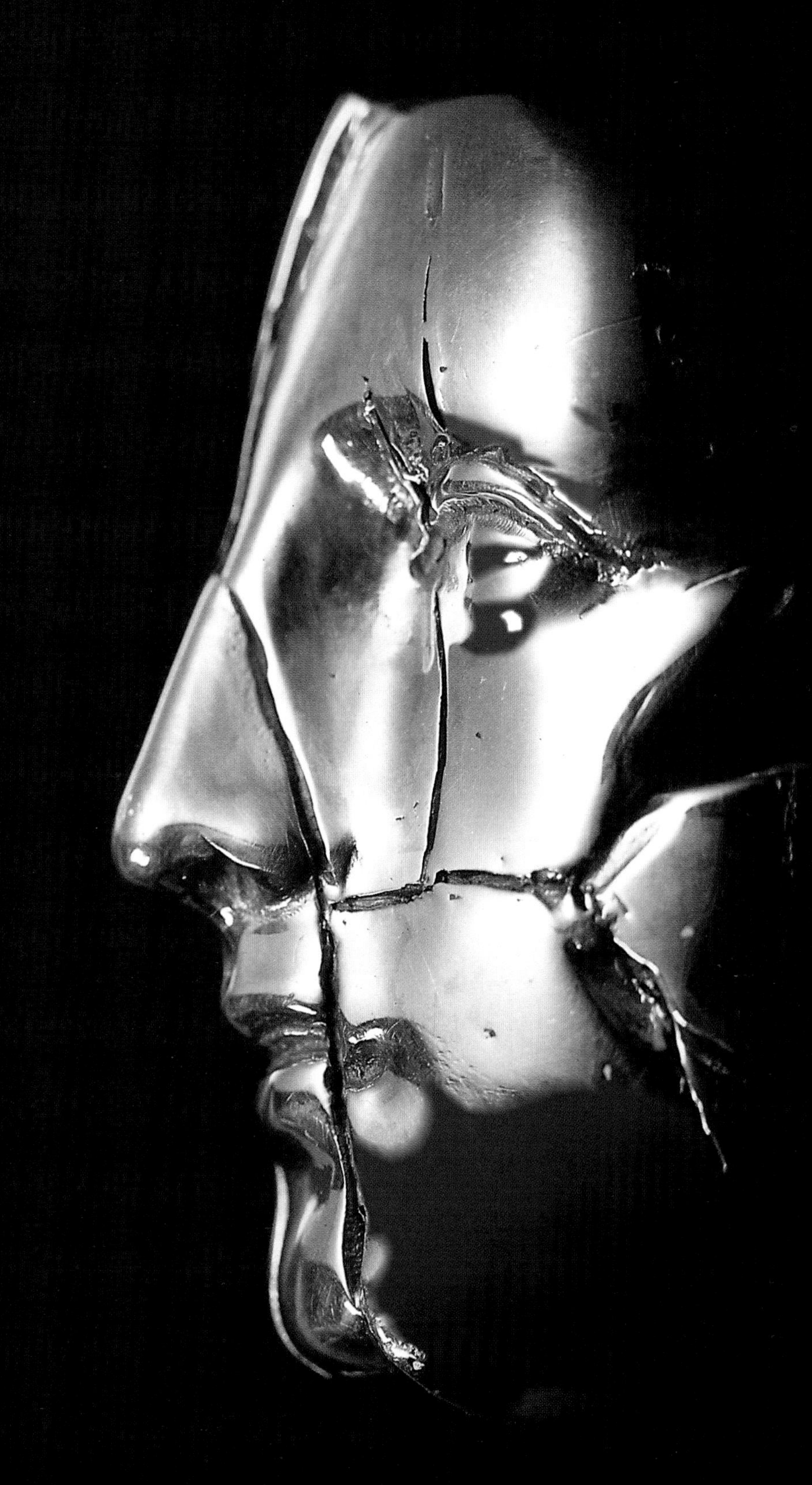

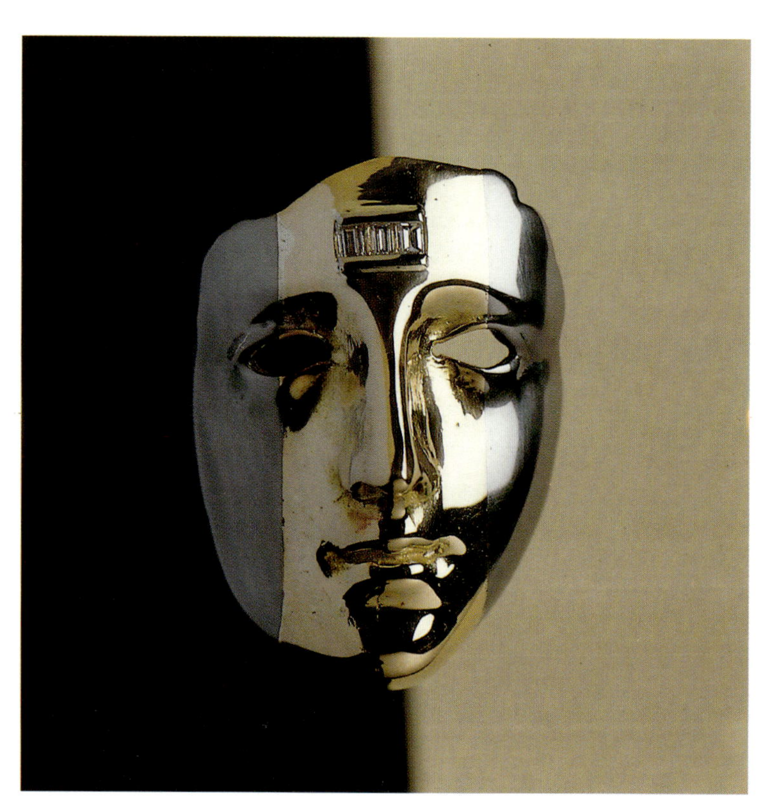

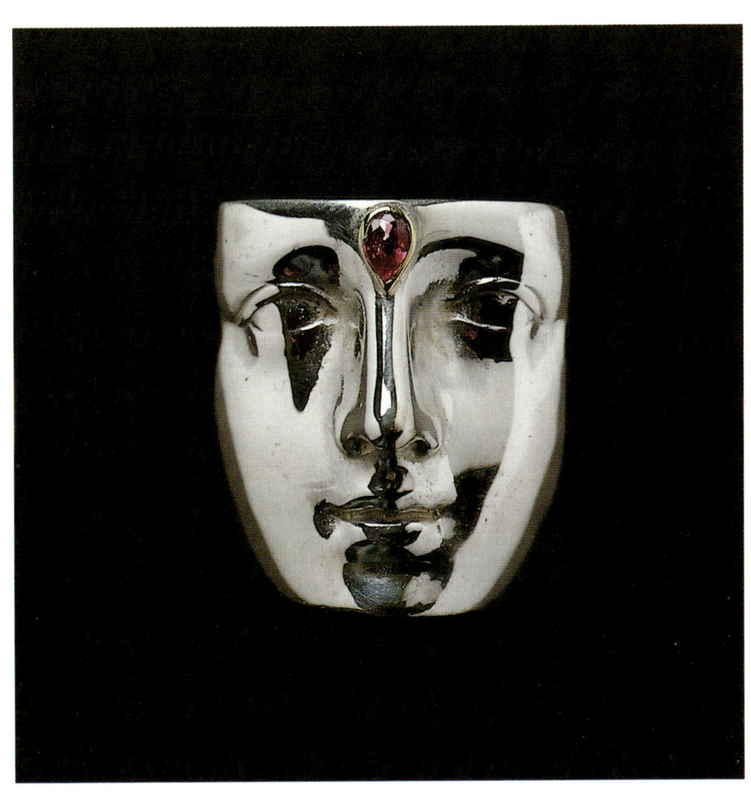

Je découvre peu à peu ce qu'est la beauté :
Toujours calme, toujours puissante, toujours vraie...

J.M. Fievez

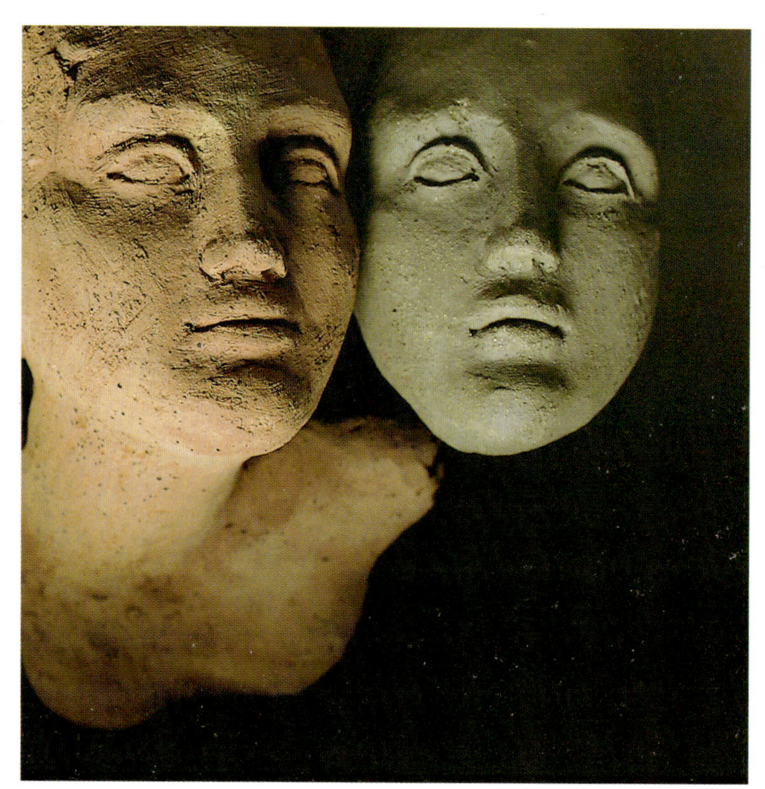

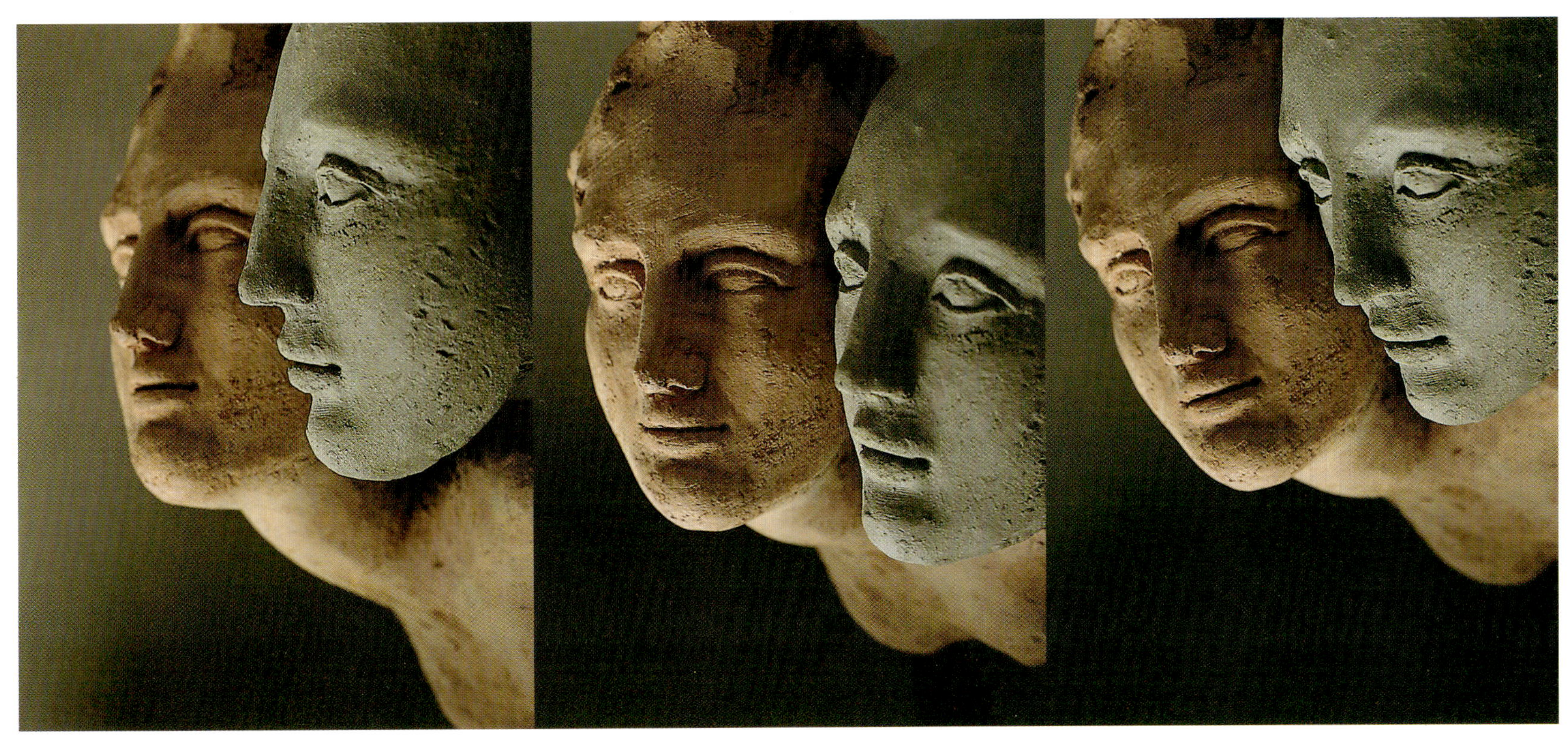

Avec, en écho, ta terre à la mienne
Plus intensément belle, griffée, meurtrie, intacte.
Avec, en rappel de la glaise première,
Tous les méandres d'un objet façonné.
Miroir de l'une, accord de l'autre,
Deux terres disent l'unité de matière
Et gagnent la couleur d'un univers remodelé.

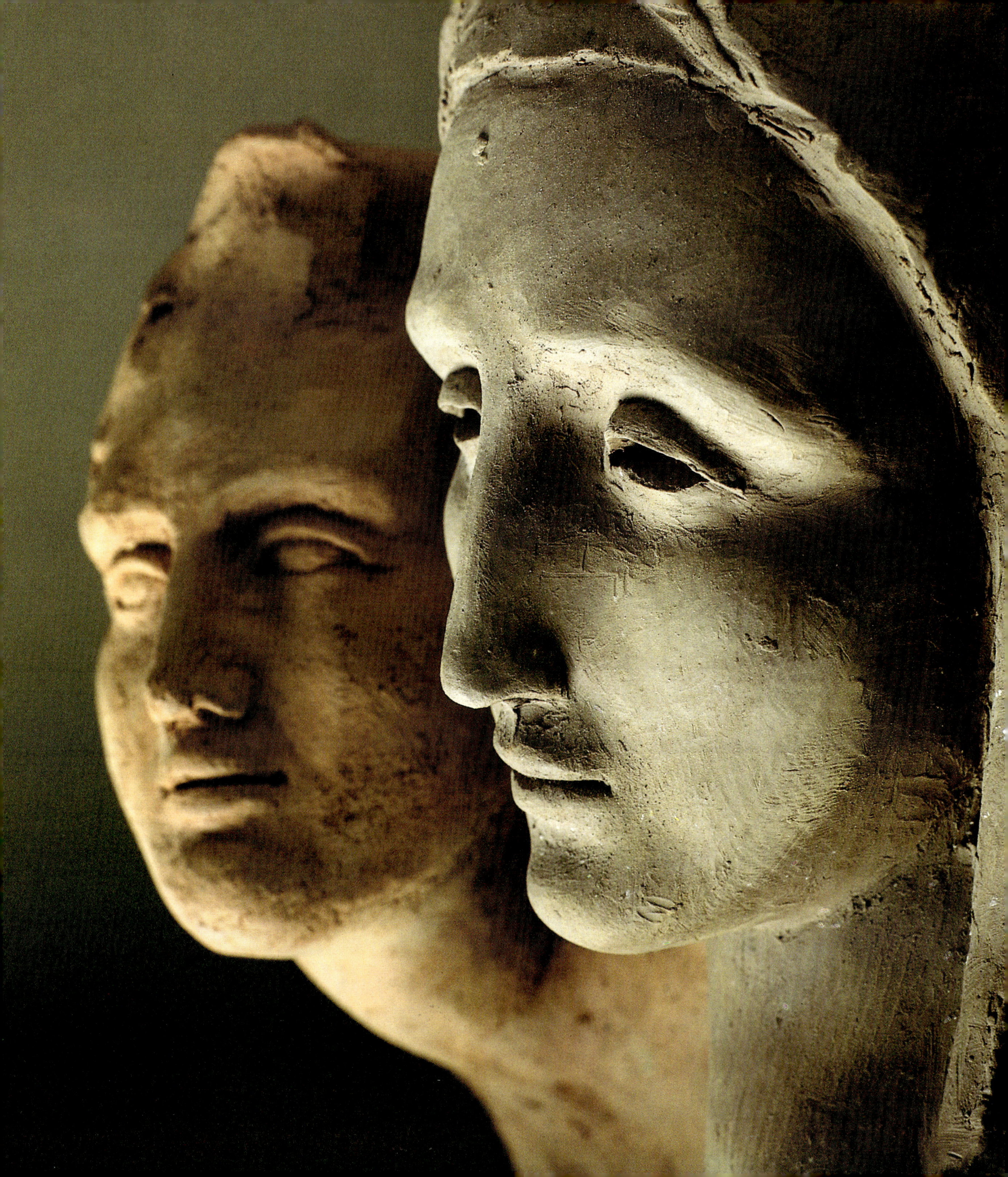

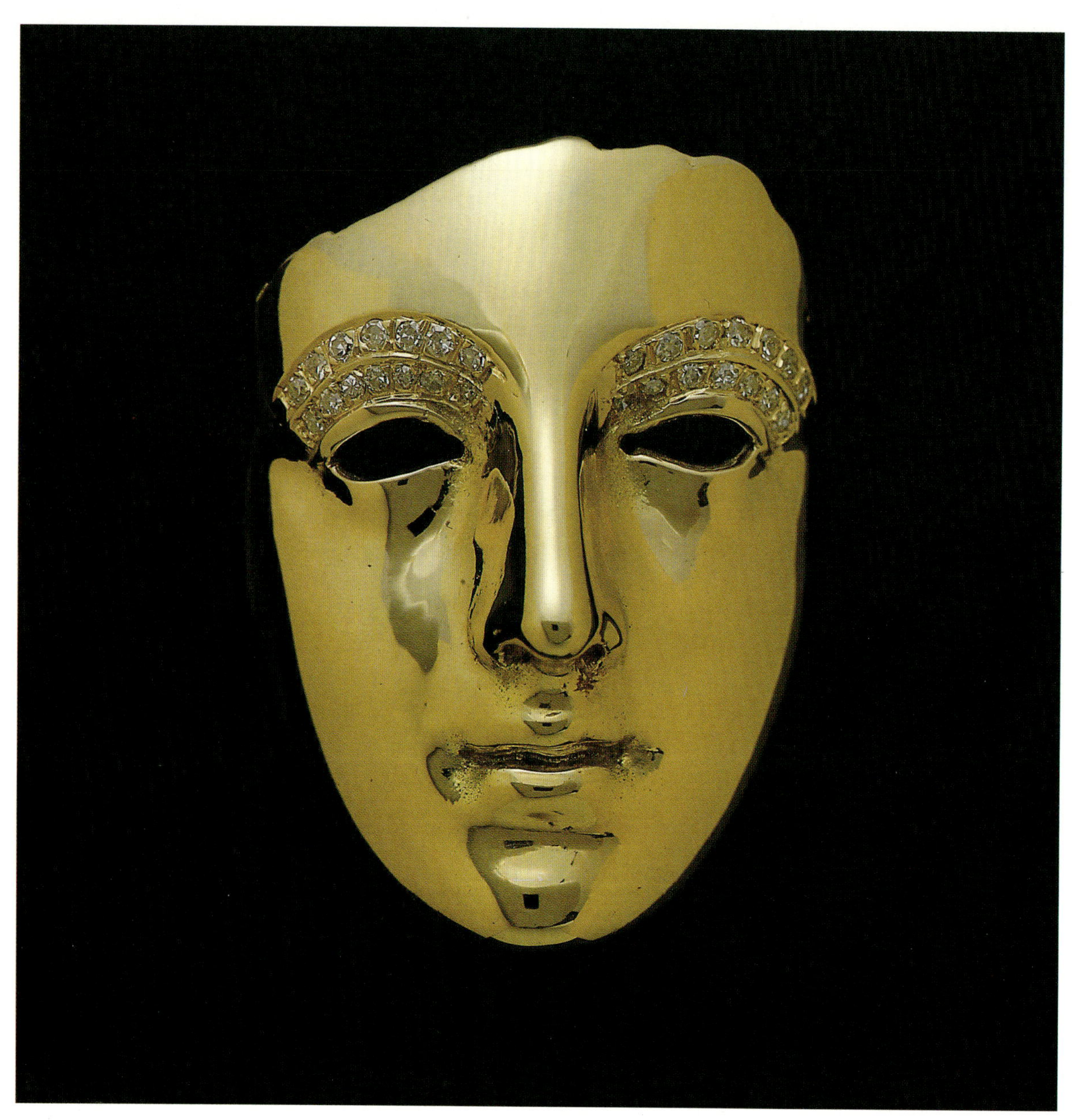

Pour sauver sa vérité, il faut des millions d'idées.

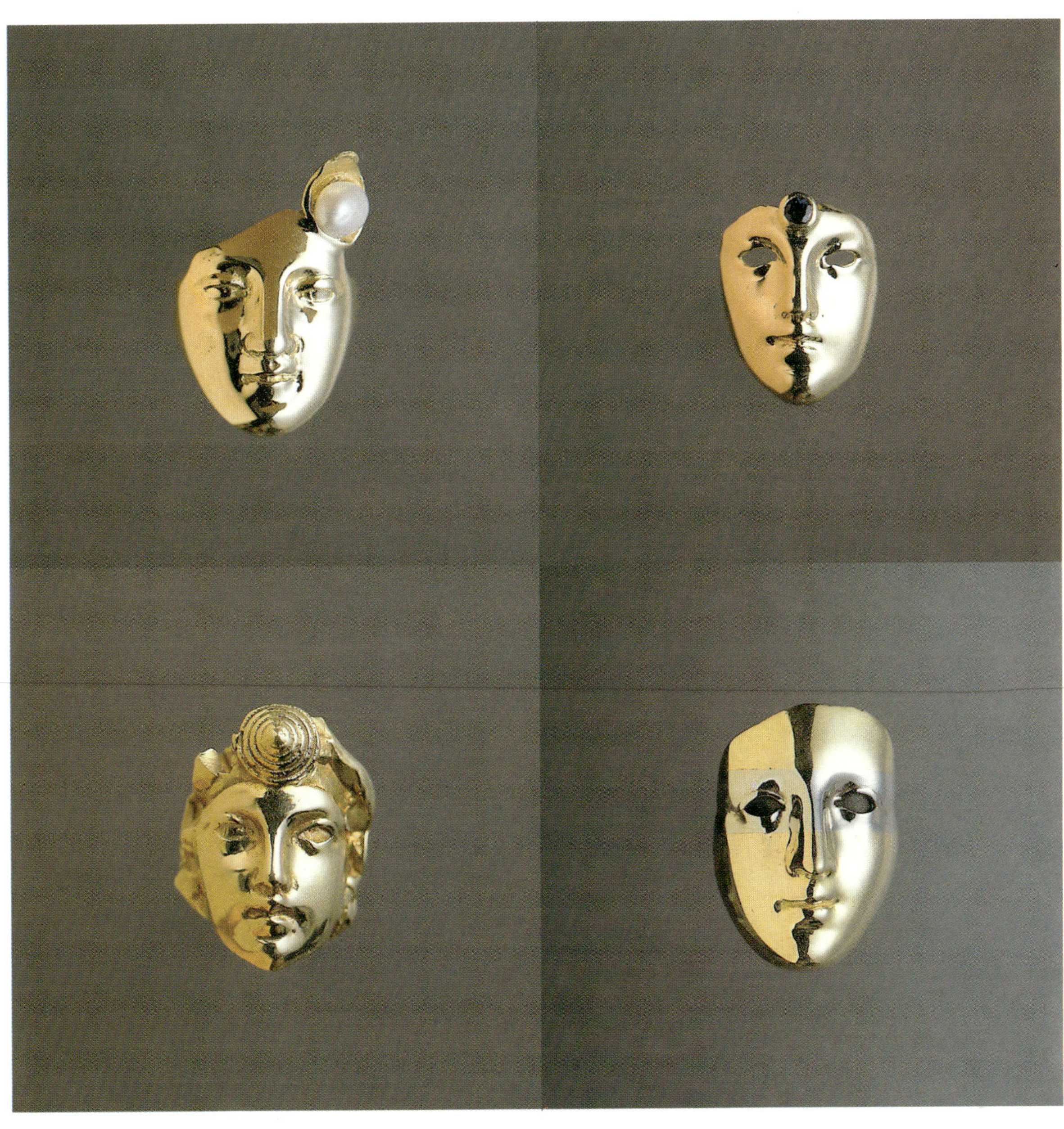

Il faudrait des mots très simples et très doux
Pour raconter l'évidence de la lumière...

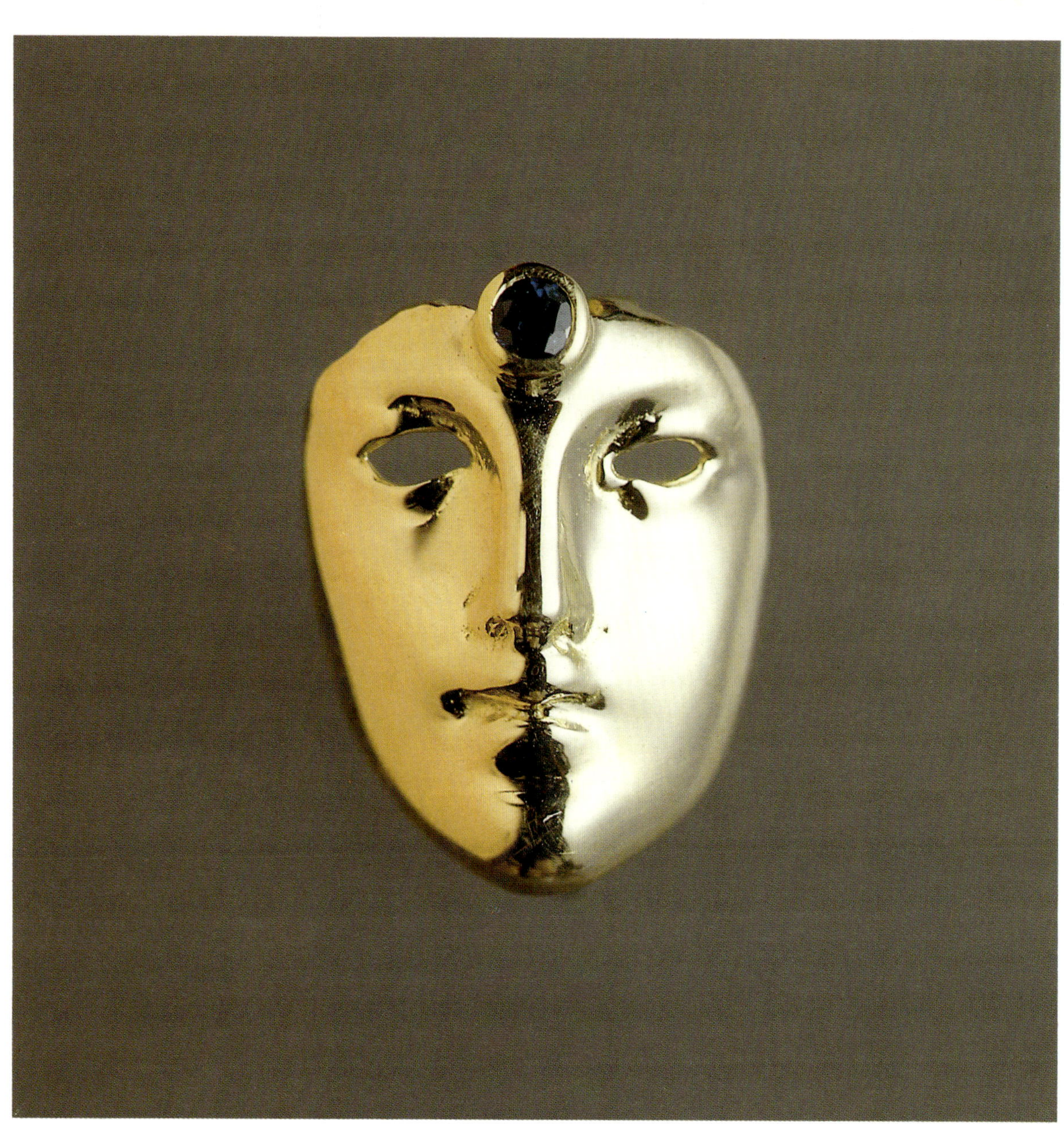

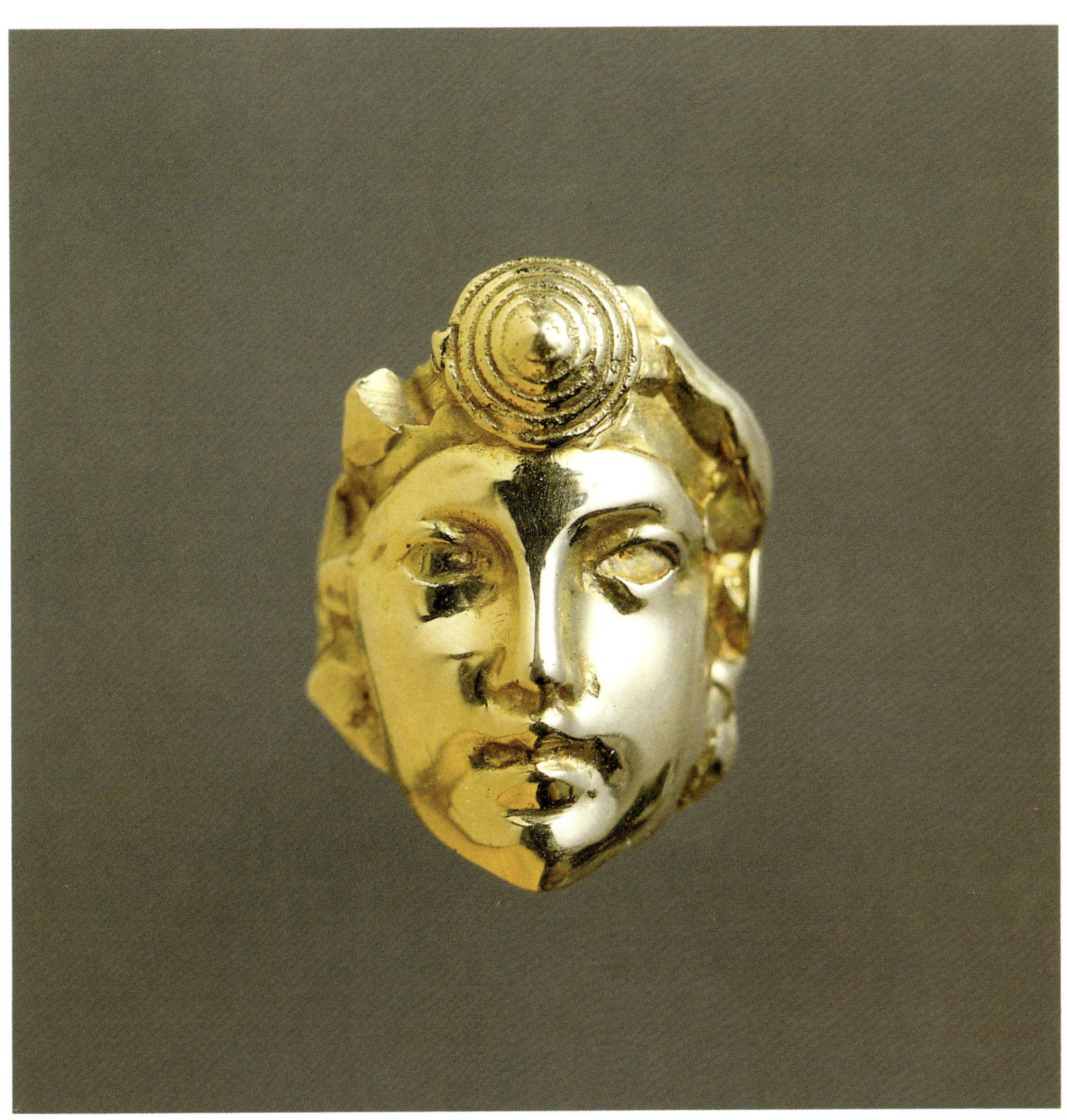

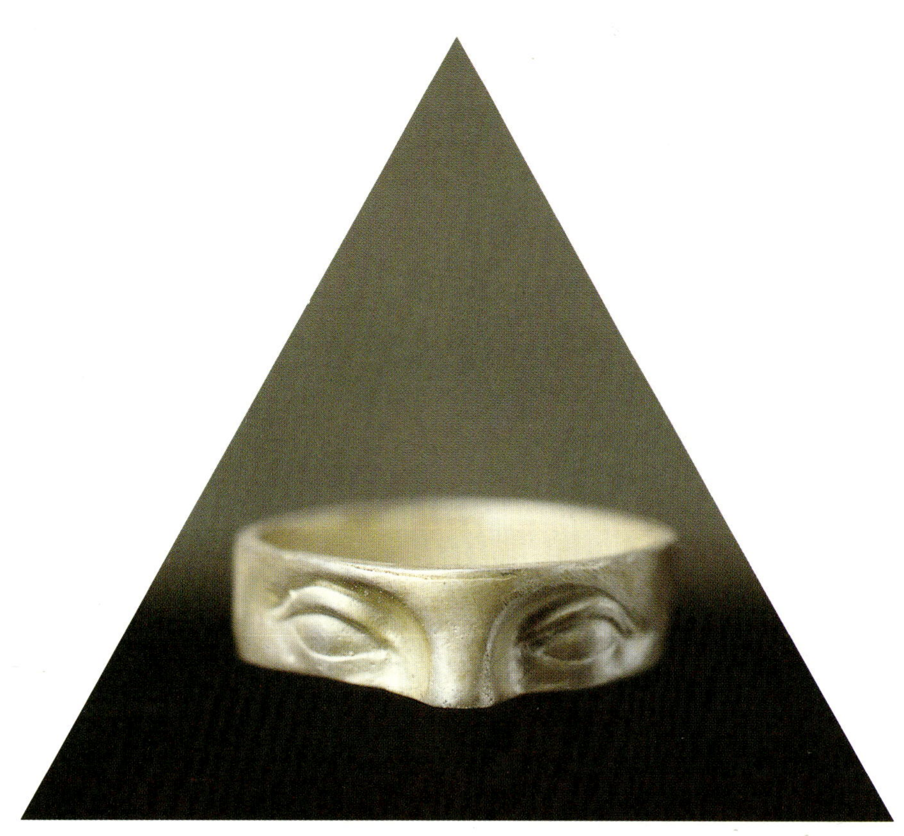

« L'âme a deux yeux : l'un regarde le temps, l'autre est tourné vers l'éternité »

Silesius

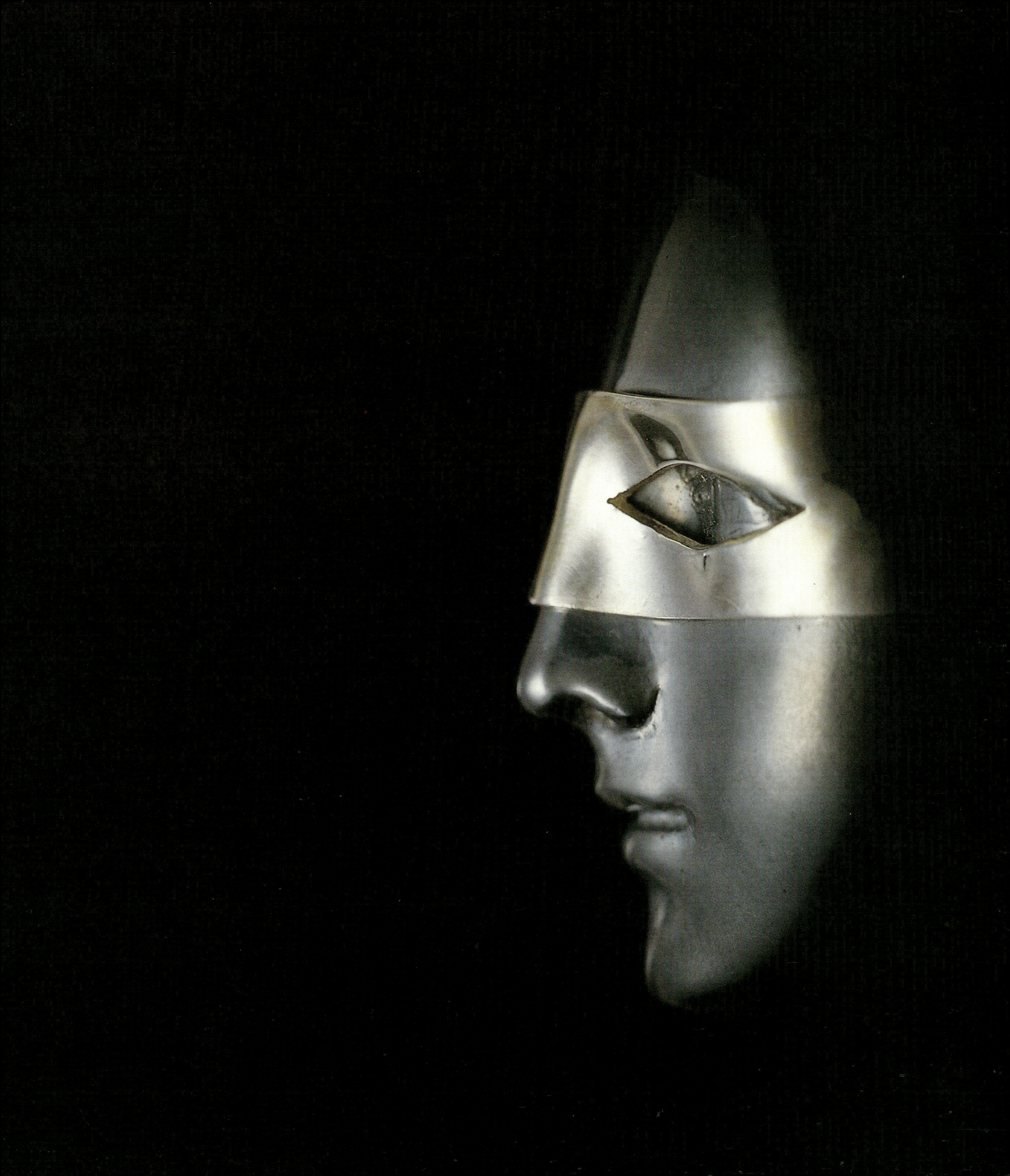

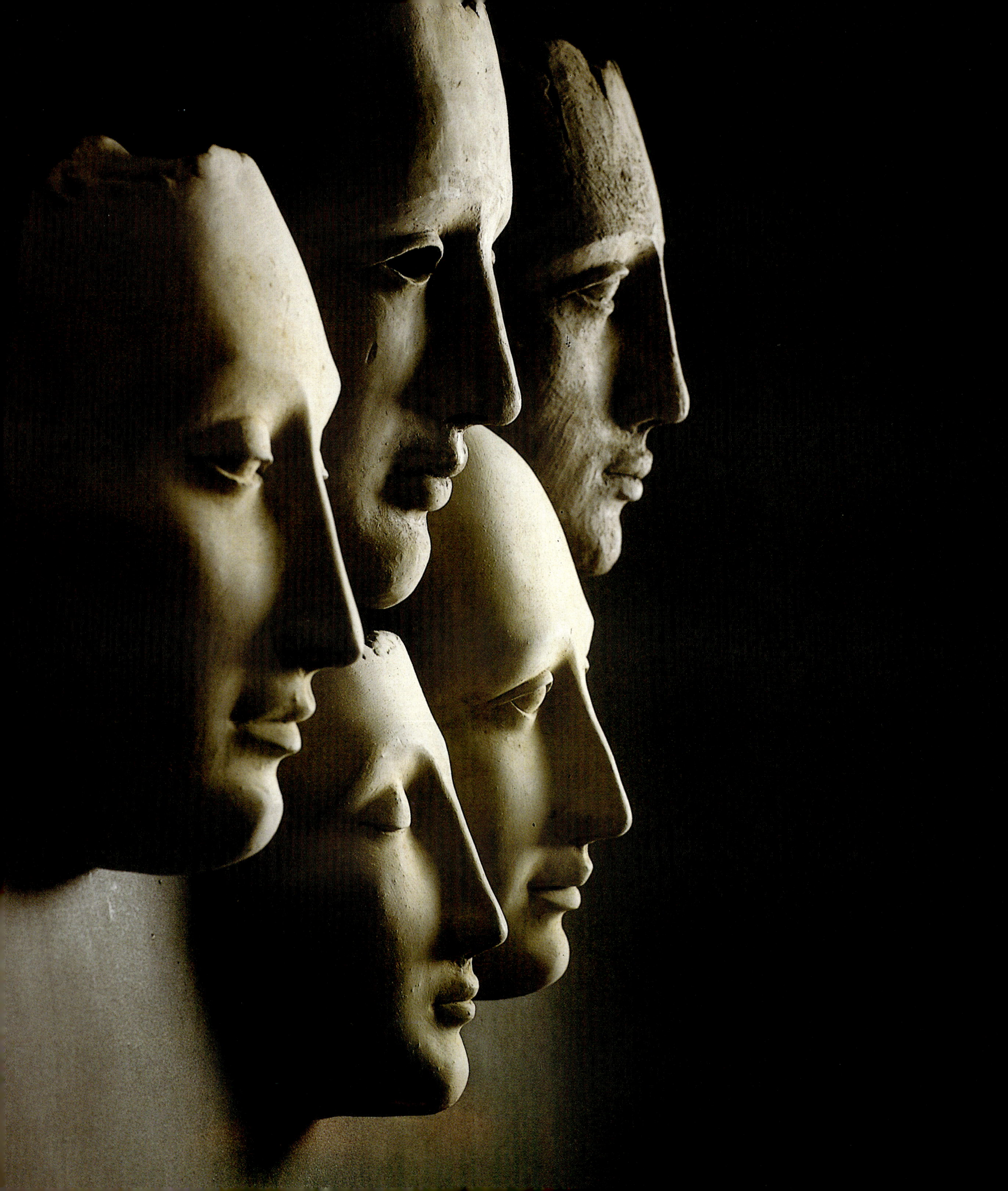

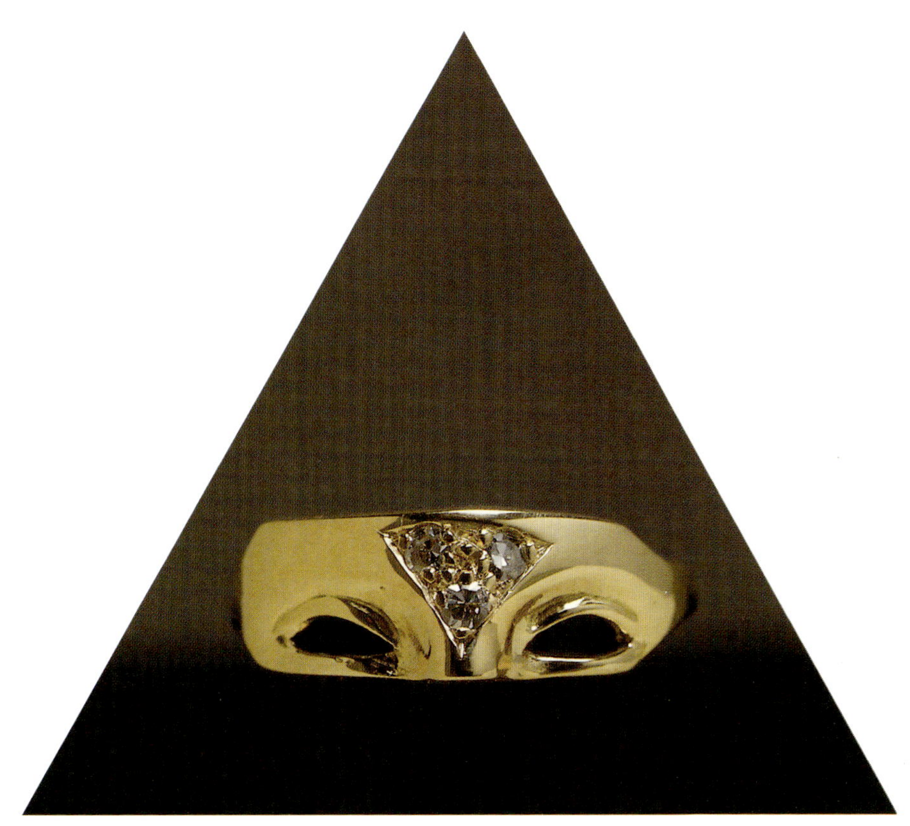

Créer. Ce geste qui rejette l'ennui de
l'acquis et pose d'étranges questions
aux moindres parcelles de certitudes,
Fil tendu entre l'espoir et le désespoir.
Créer pour échapper à la mort lente.

L'homme qui s'arrête pour contempler
Est un homme qui renonce à mentir.
Il retrouve l'intensité du regard et remonte
Le sens des formes jusqu'à l'instant précis
Où elles basculent pour n'être plus que lumière.
Alors, l'homme devient voleur de lumière
et commence à créer.

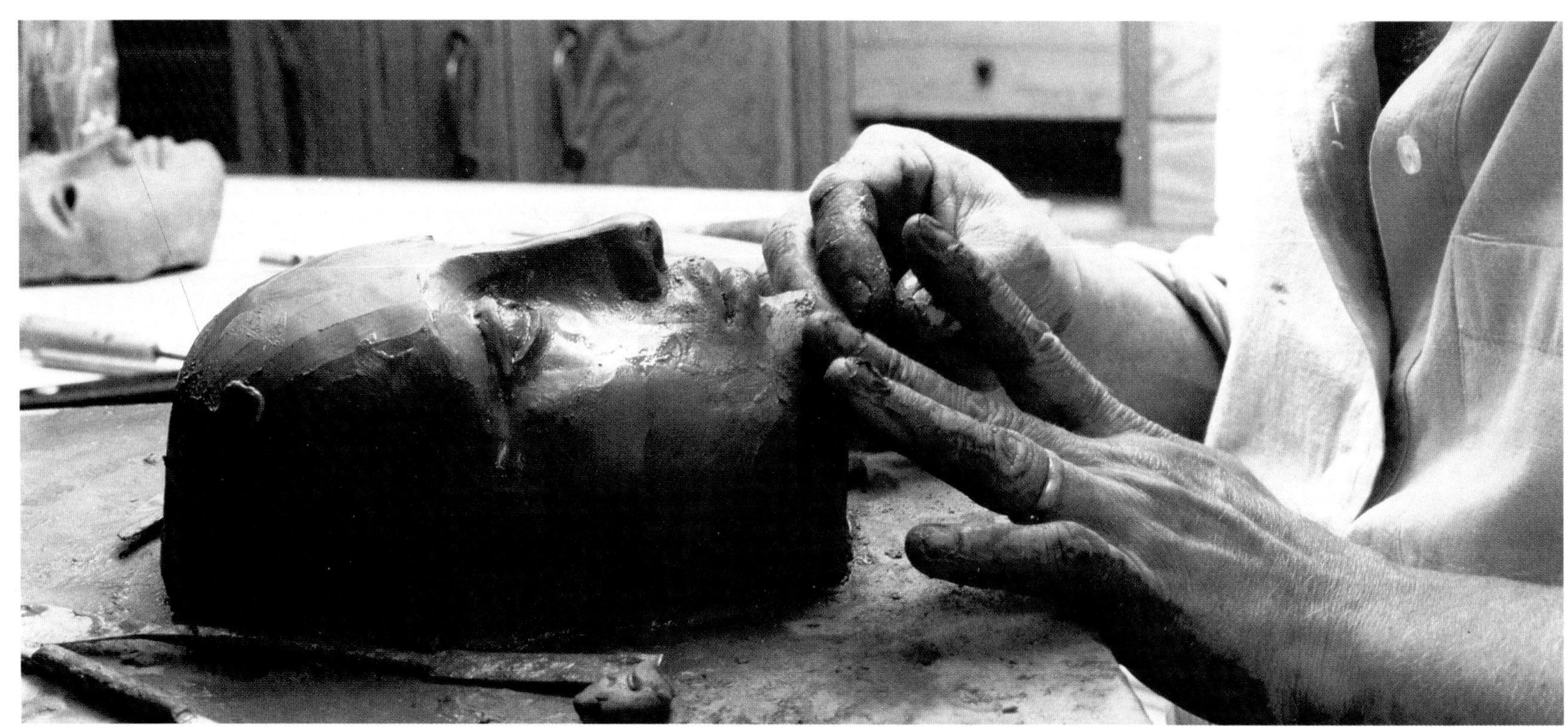

A quel moment une œuvre est-elle achevée ?
Qui peut dire où est le point final d'une sculpture
Retenant sous la sérénité des traits
Le bouleversement d'une vie qui avance ?
Comment arrêter le parcours d'un visage
Que le temps ne cesse de modeler ?
L'inachevé rend complice de l'avenir.

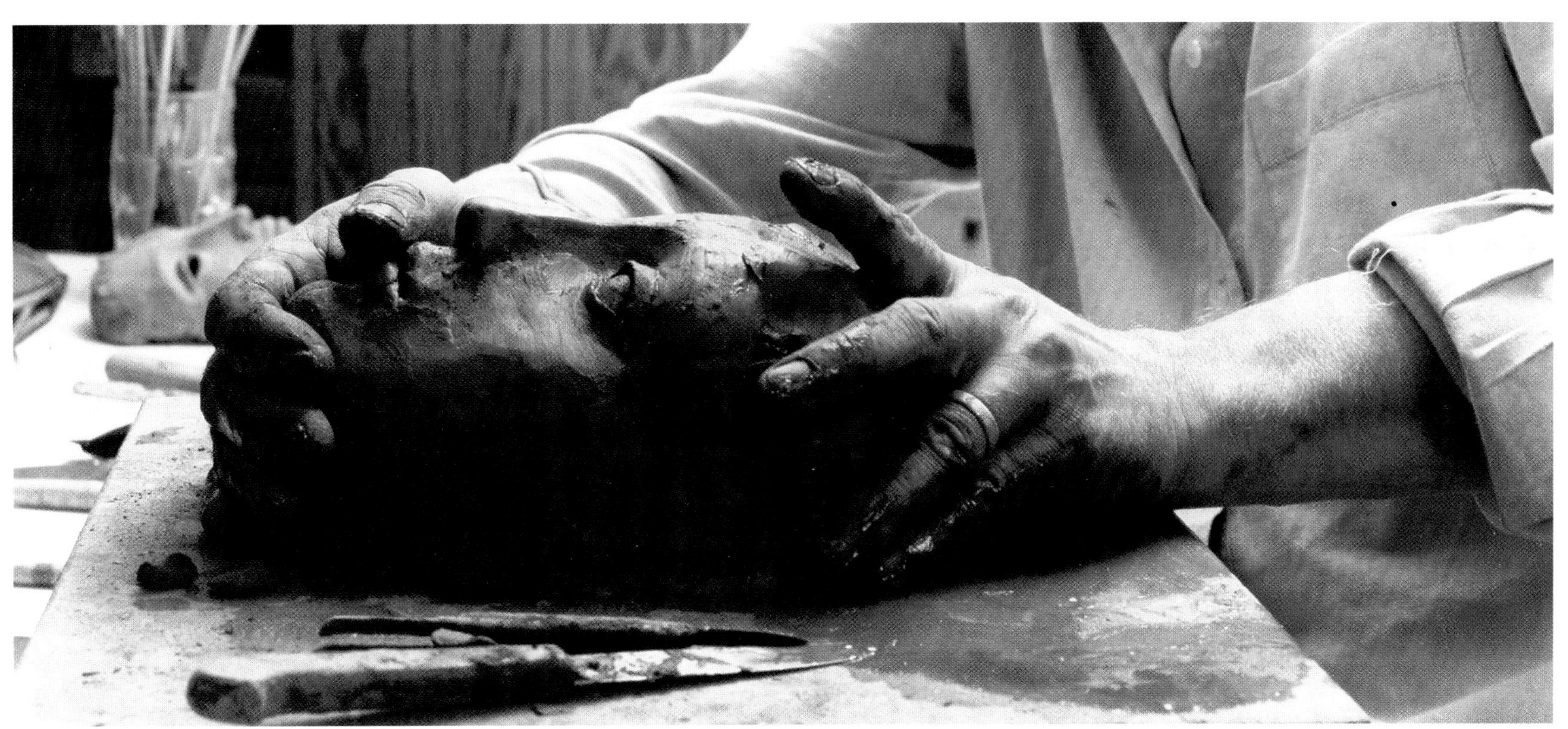

L'histoire de l'homme,
Naître, prolonger.
Bourgeon de printemps
Sur l'arbre centenaire.
Créer,
Poser l'acte qui nous confond
A notre propre histoire.
Les fresques de Lascaux,
Et puis ... aujourd'hui.
Culbute, Saut périlleux,
Clin d'œil, Vertige.
Création :
Rituel de l'humanité,
Equilibre face à l'inconnu.
Comme le bonjour de l'enfant,
Comme l'adieu du vieillard,
Créer,
Comme vivre,
Comme mourir.

J.M. Fievez

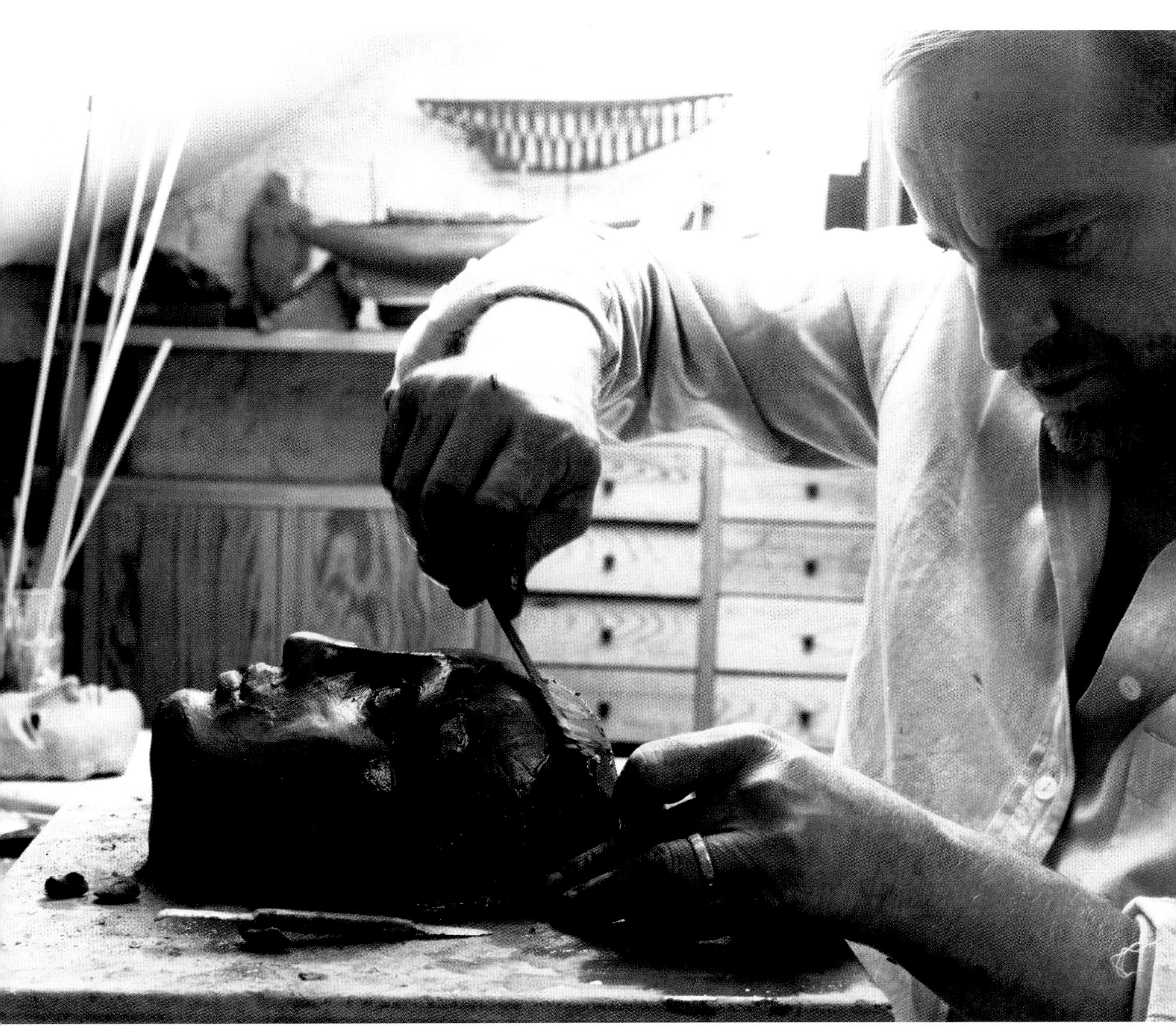

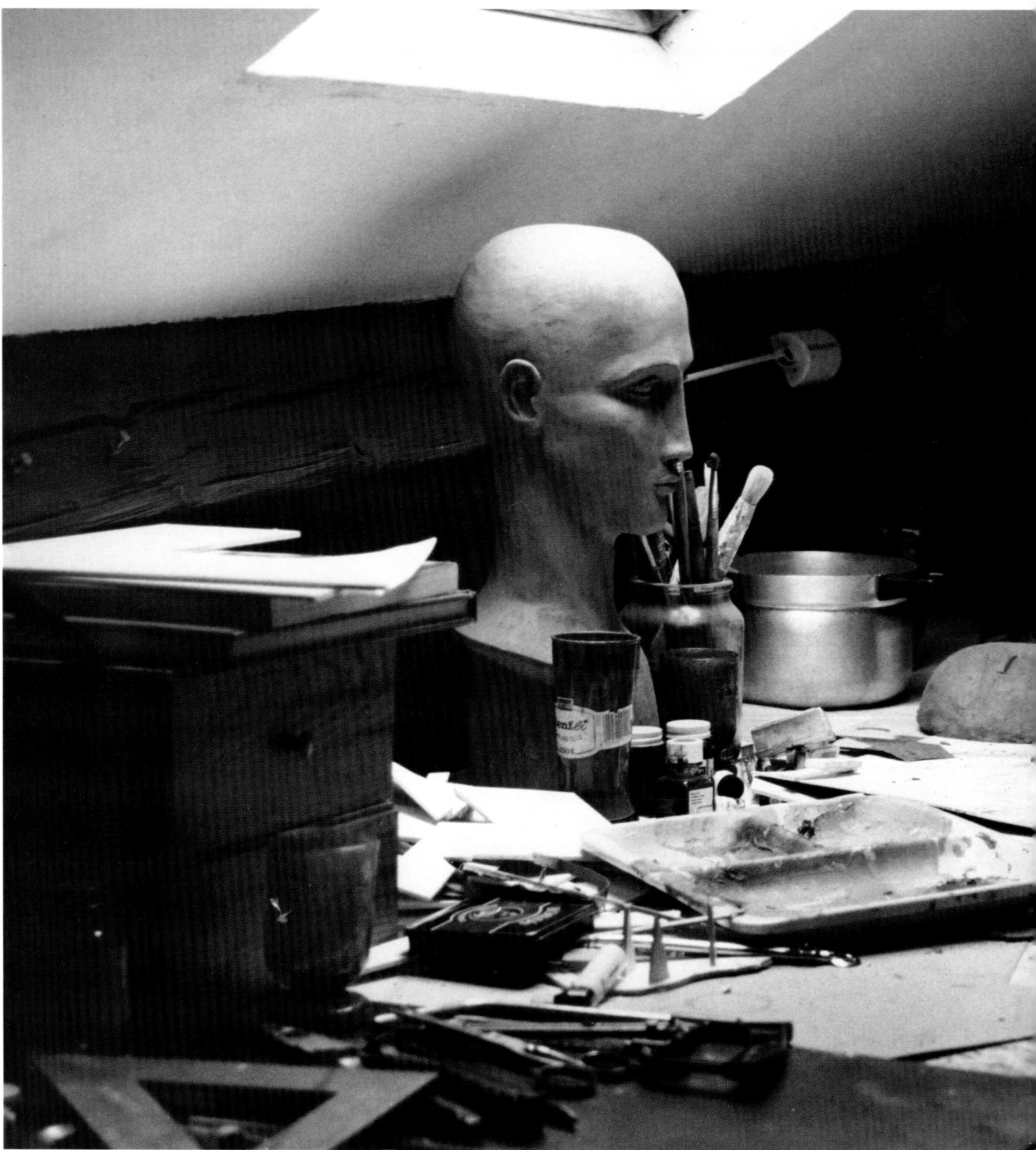

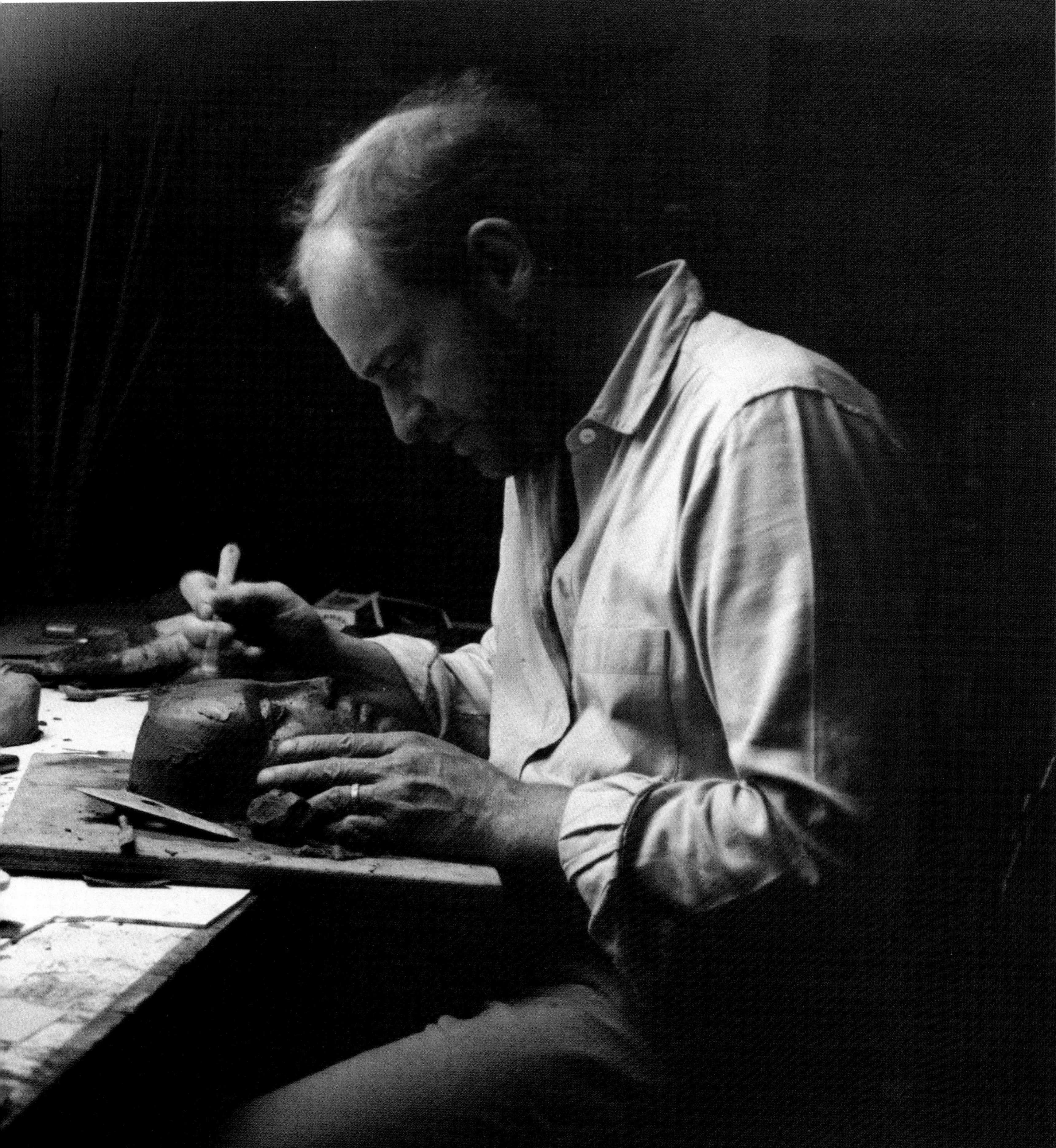

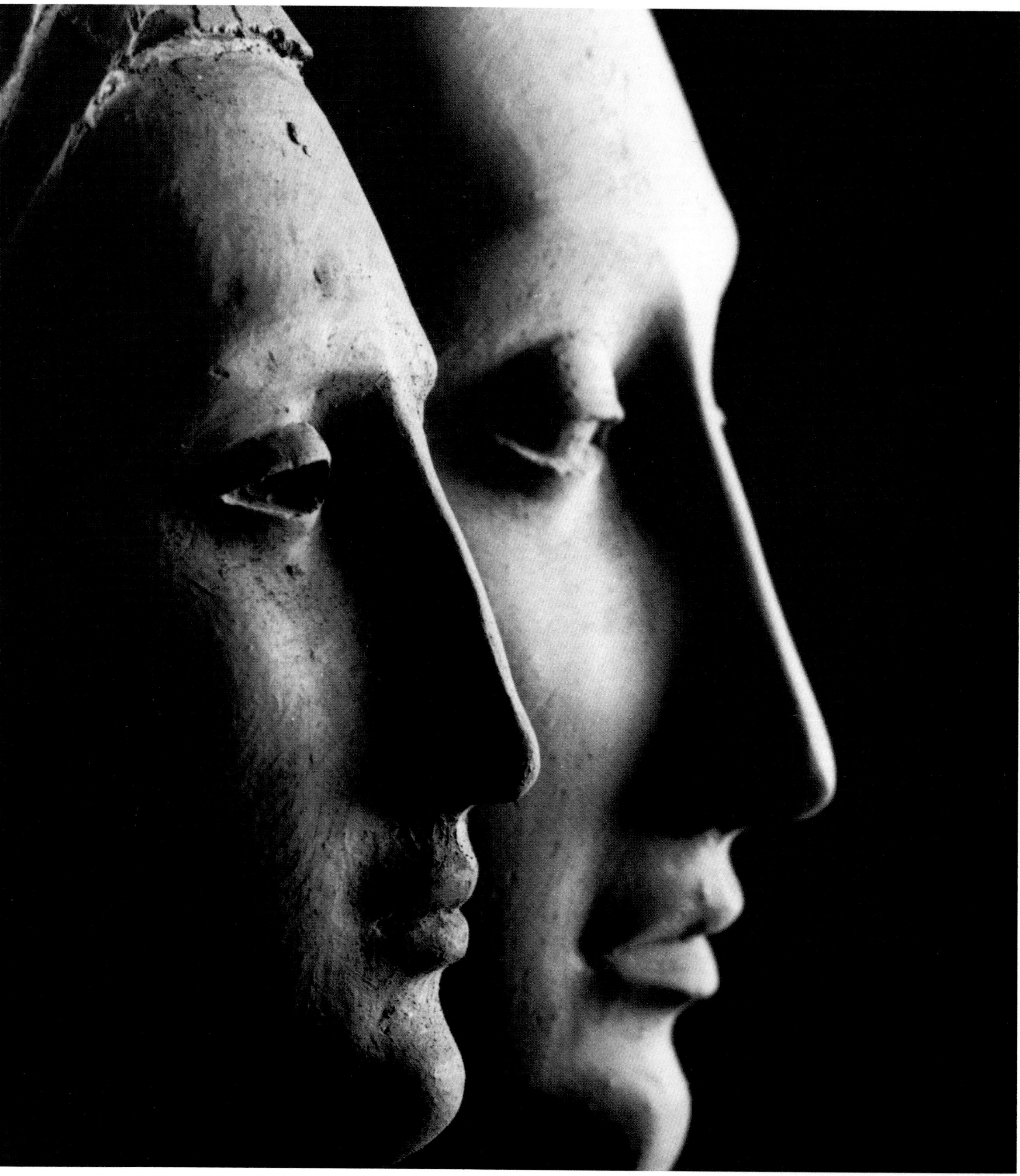

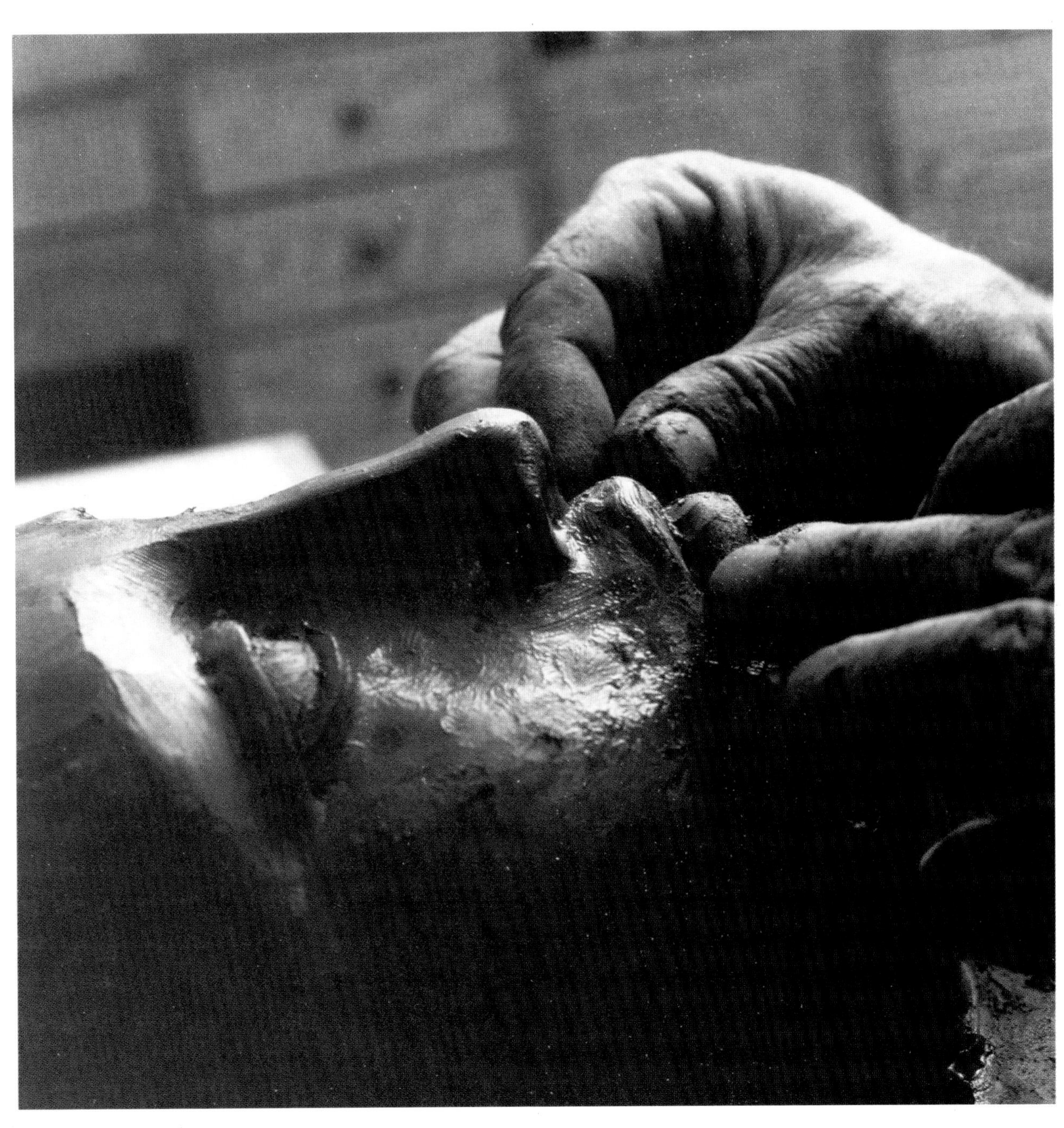

Sa pensée est un fil tendu entre ses mains
Elle fixe au centre du monde les objets en devenir.
Et dans sa légère délivrance d'être chose,
Elle se referme sur son secret.

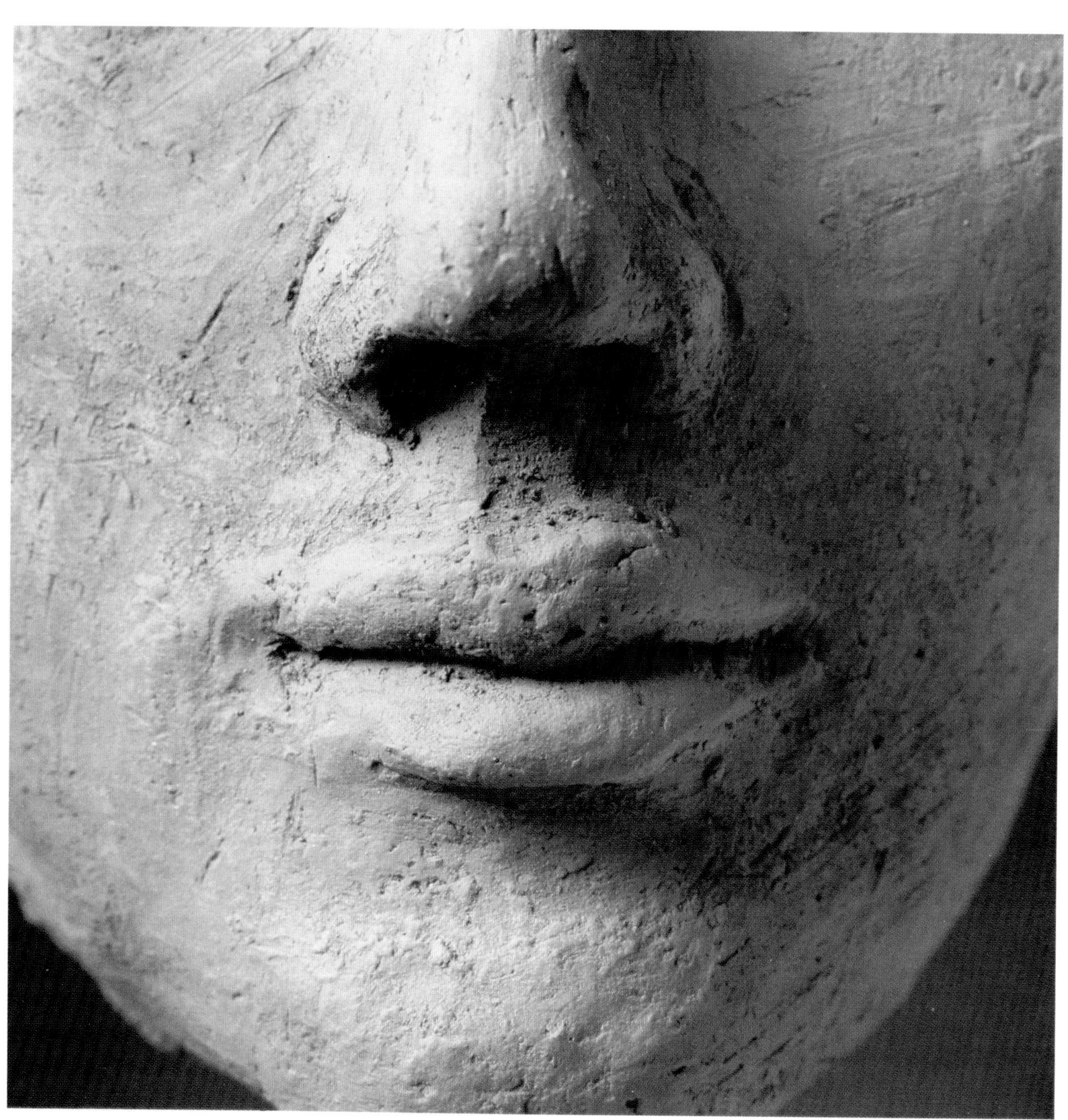

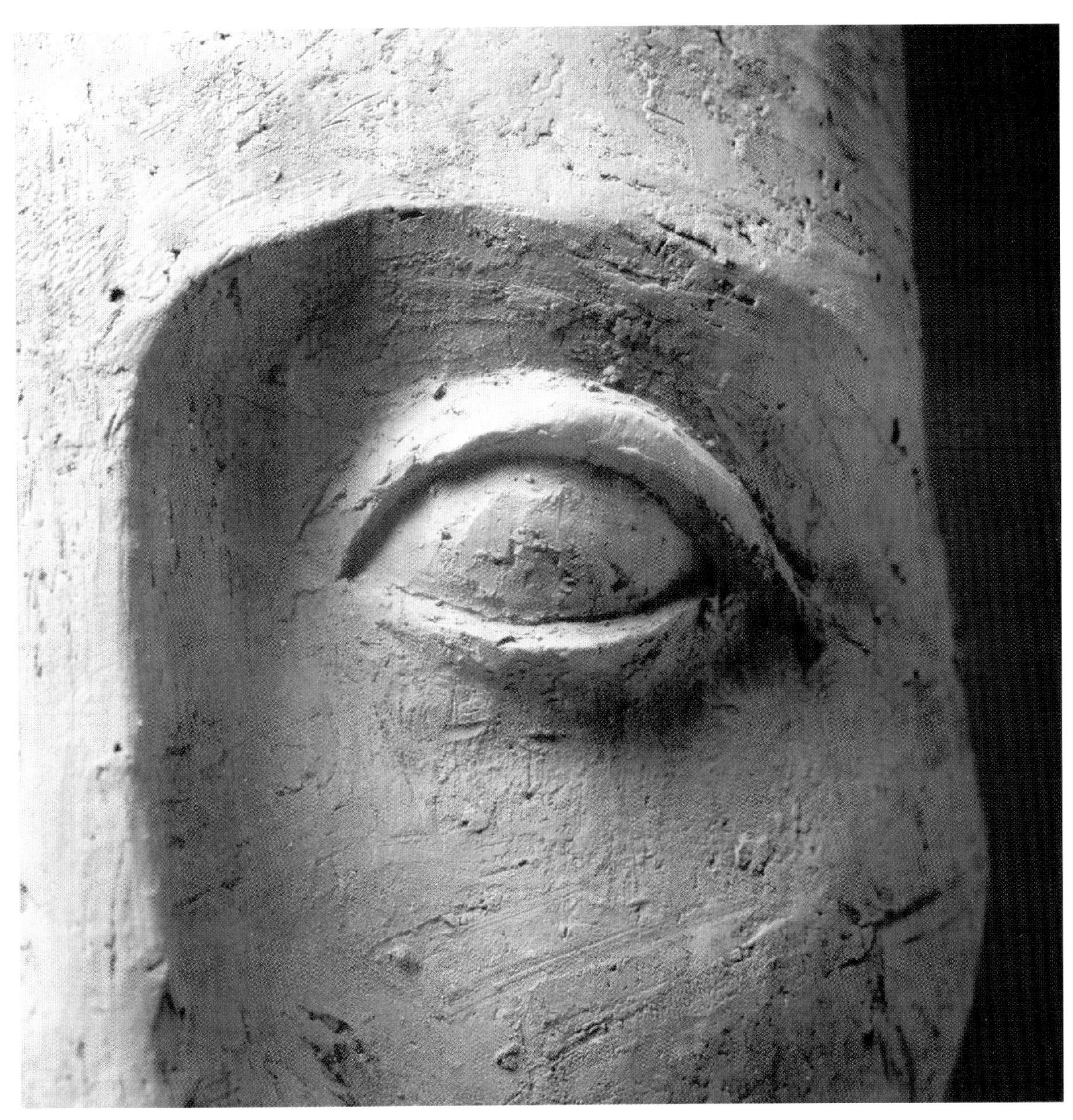

Se glisser sous l'écorce de l'arbre pour en goûter la sève...

Mes visages sont influencés par l'antiquité.
La Grèce, l'Egypte, l'Inde...
Je suis fasciné par l'Orient et cherche son influence.
Nous sommes tous influencés par nos maîtres et les miens ont
deux, trois, quatre mille ans d'âge.
Ils n'en sont pas moins proches,
Penchés sur mon épaule lorsque je travaille. *J.M. Fievez*

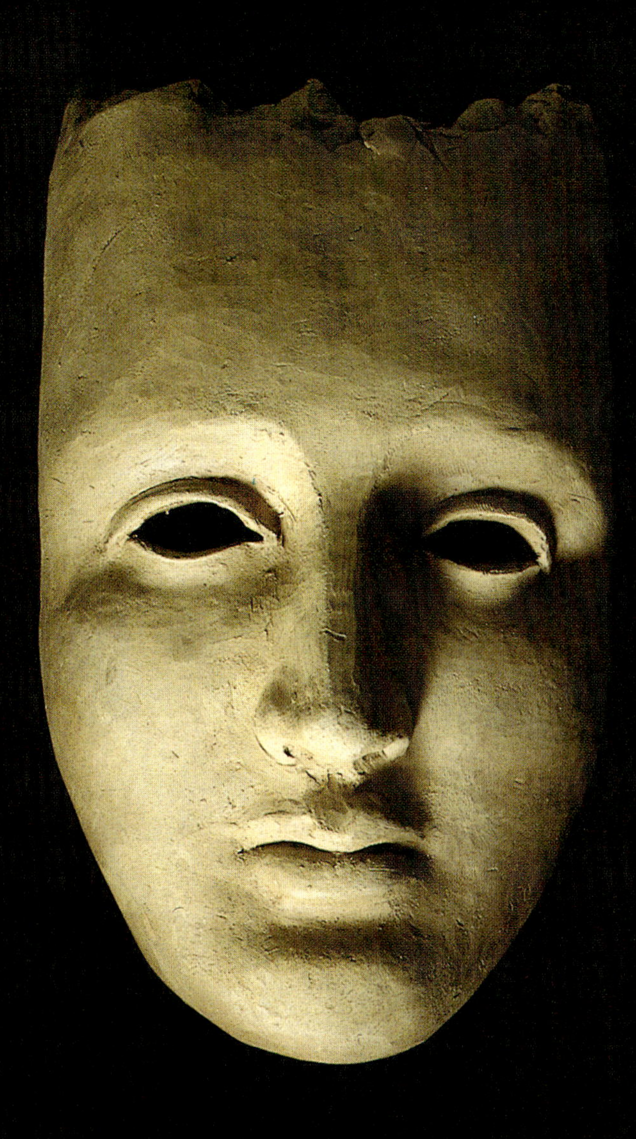

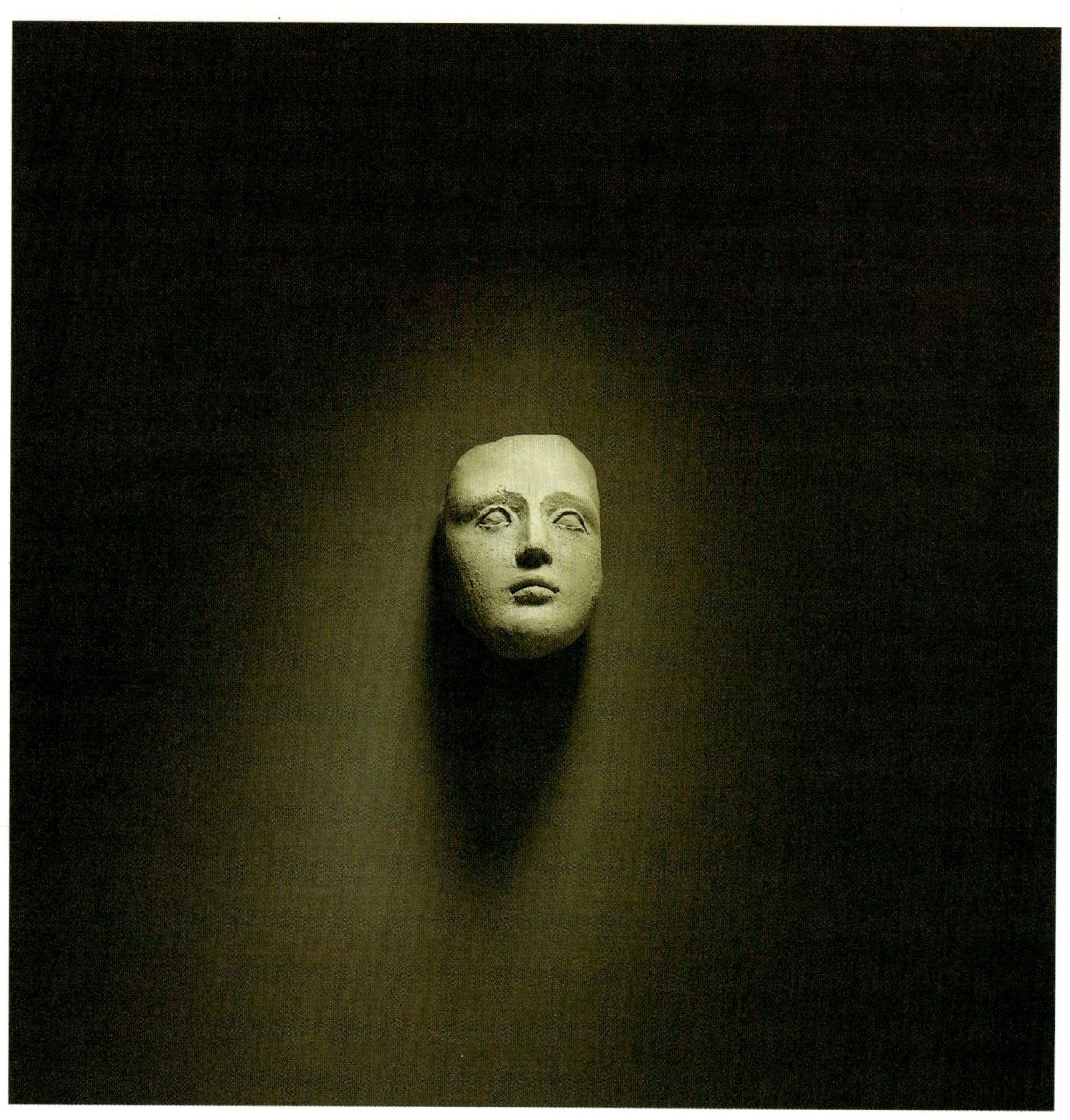

L'artiste et l'amoureux ont de multiples points communs ;
Ni l'un ni l'autre ne sait le pourquoi et le comment,

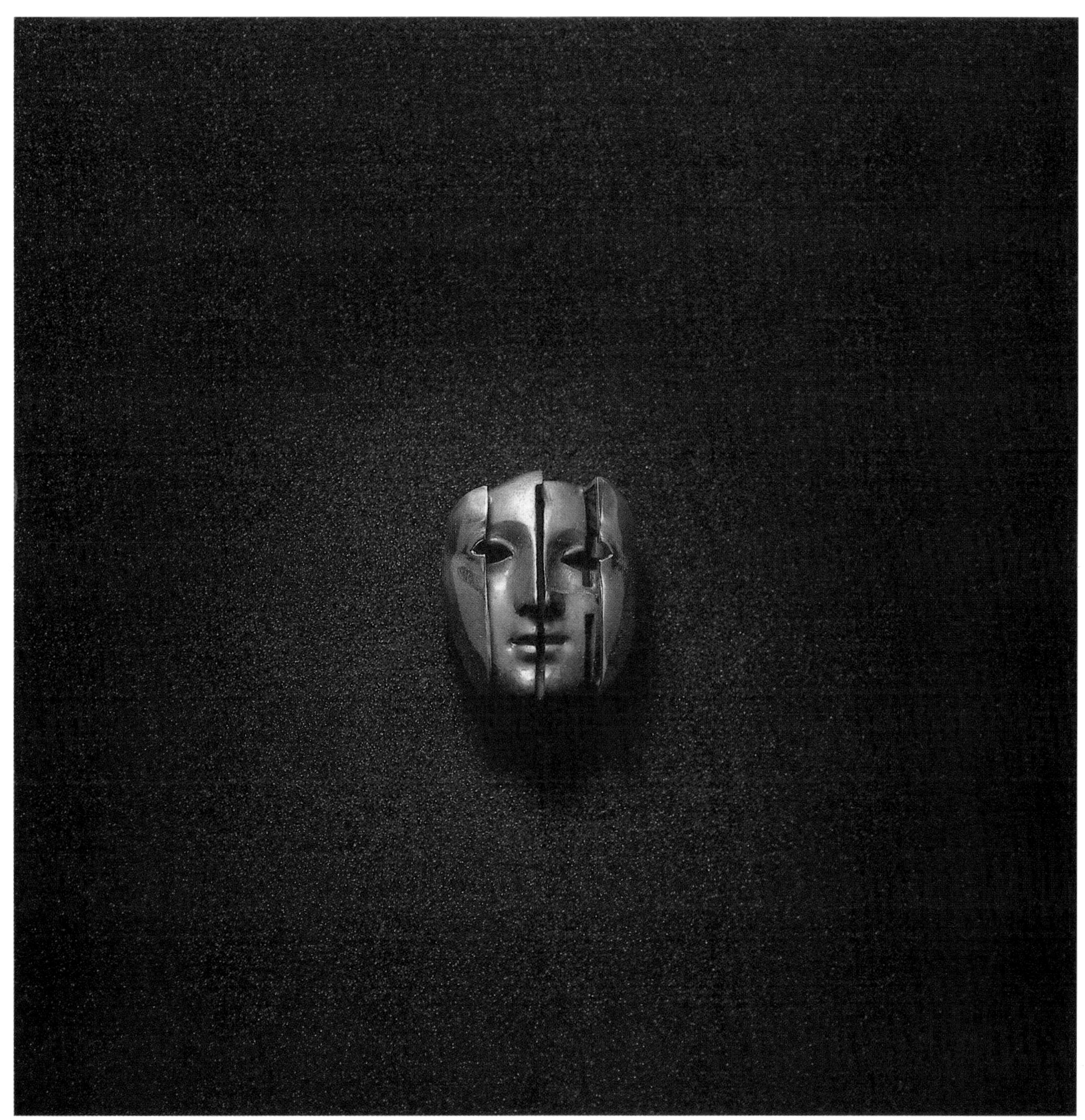

L'un et l'autre tiennent un trésor entre les mains, tous deux confondent joie et souffrance qu'ils dédient à leur passion.

J.M. Fievez

Quand il lève les yeux, la lumière lui paraît sombre.
Son regard inondé de l'or qu'il travaille
S'hypnotise au métal des dieux.
Le feu jaune lui pénètre l'esprit
Et obsède de magie les gestes de ses doigts.
Il regarde l'or liquide couler dans ses veines...

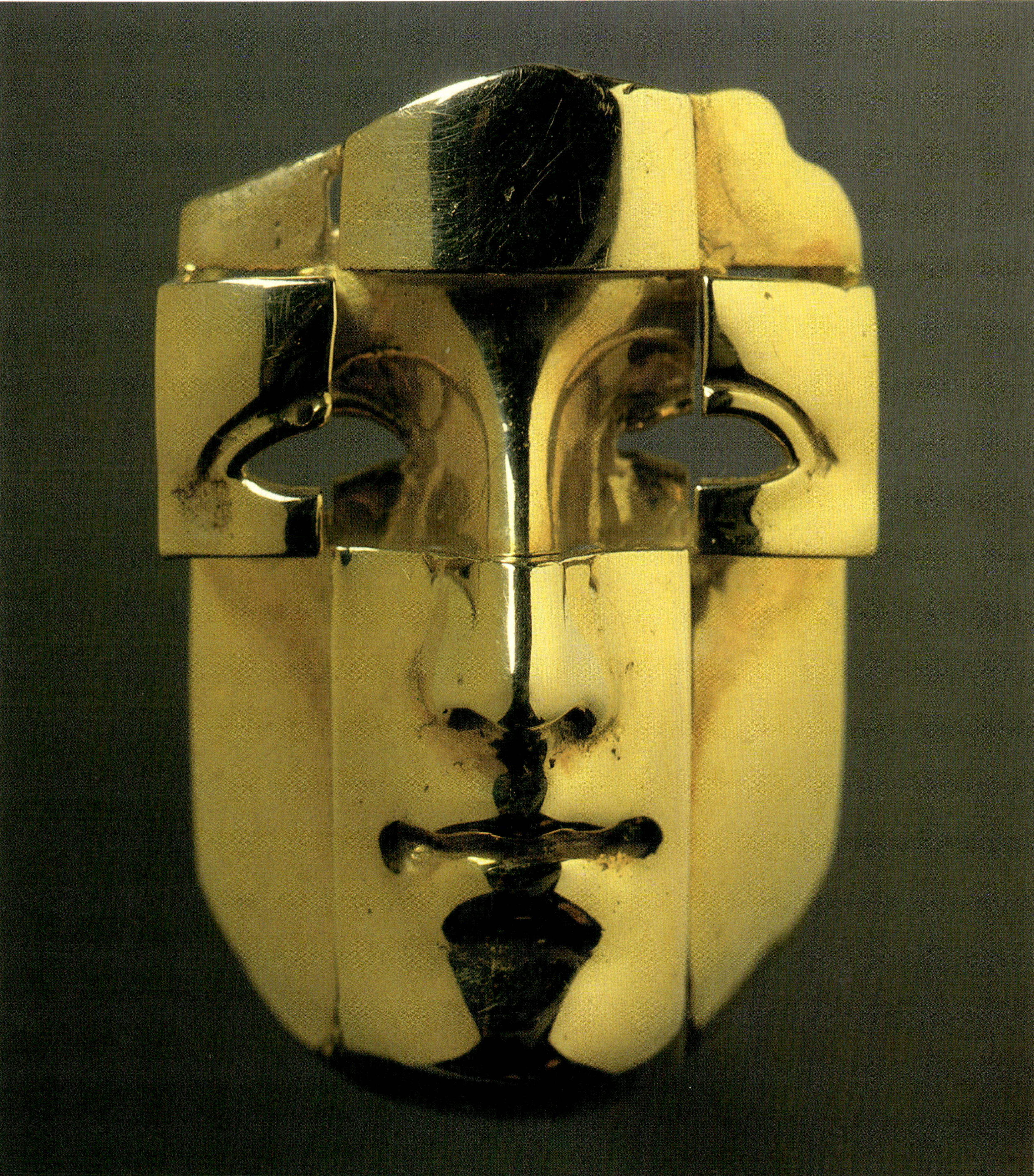

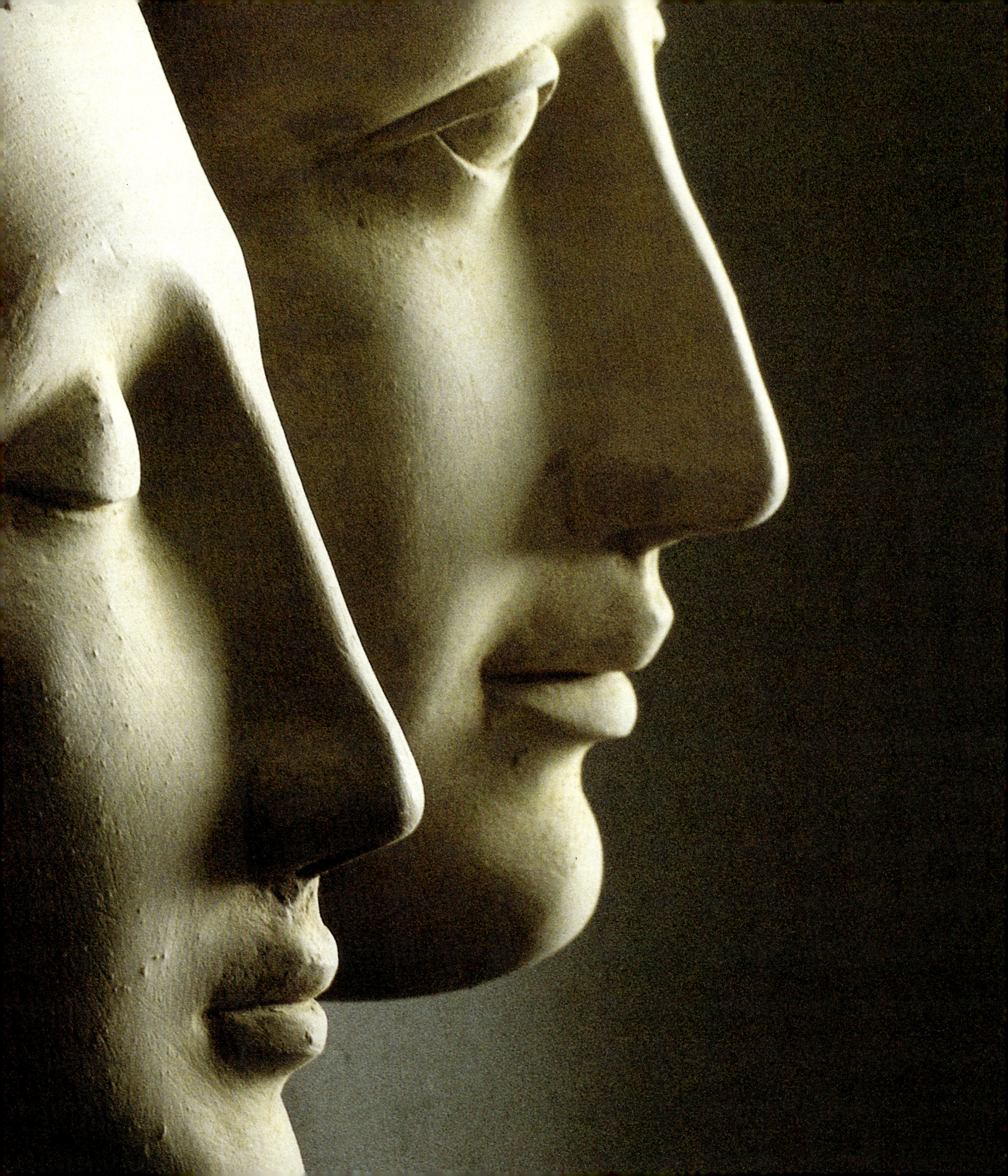

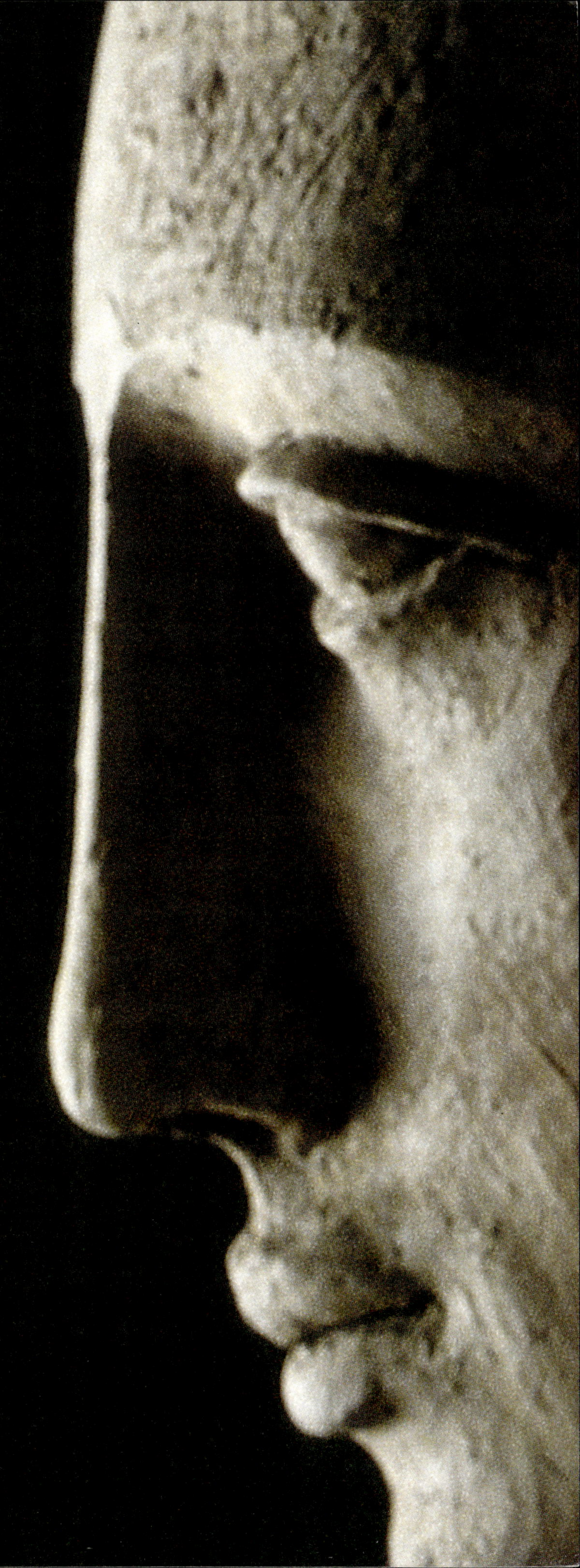

Le vertige sous le regard des sables.
La fleur s'est étourdie à leur approche
Et le vent n'ose que le silence
Dans la transparence démunie de la pureté.
C'est l'heure où tout pourrait naître,
Où pourtant rien ne bouge.
La tendresse des sables est sans limites,
La tendresse des sables est aveuglante.
L'enfant fixe le soleil, ses yeux sont un baiser.

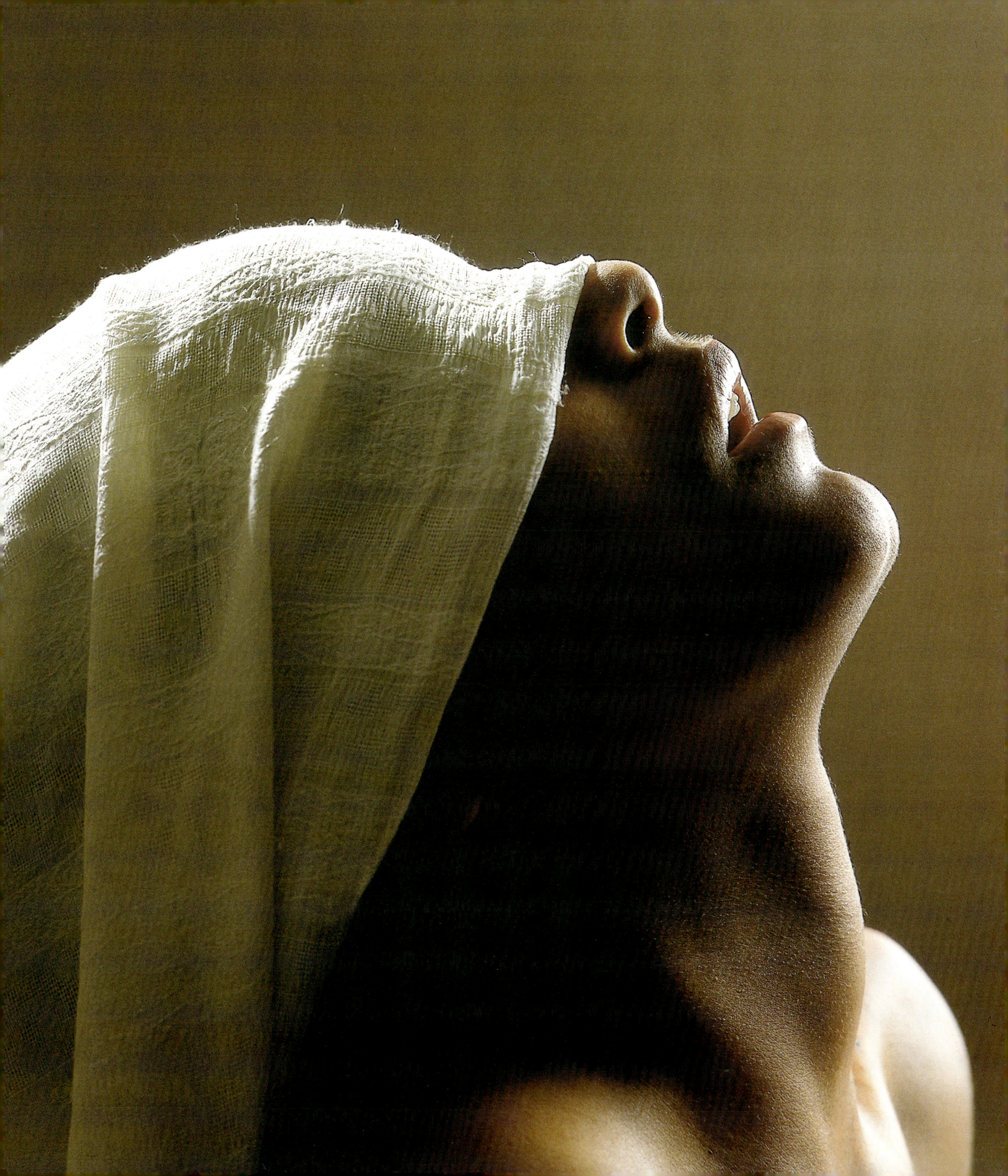

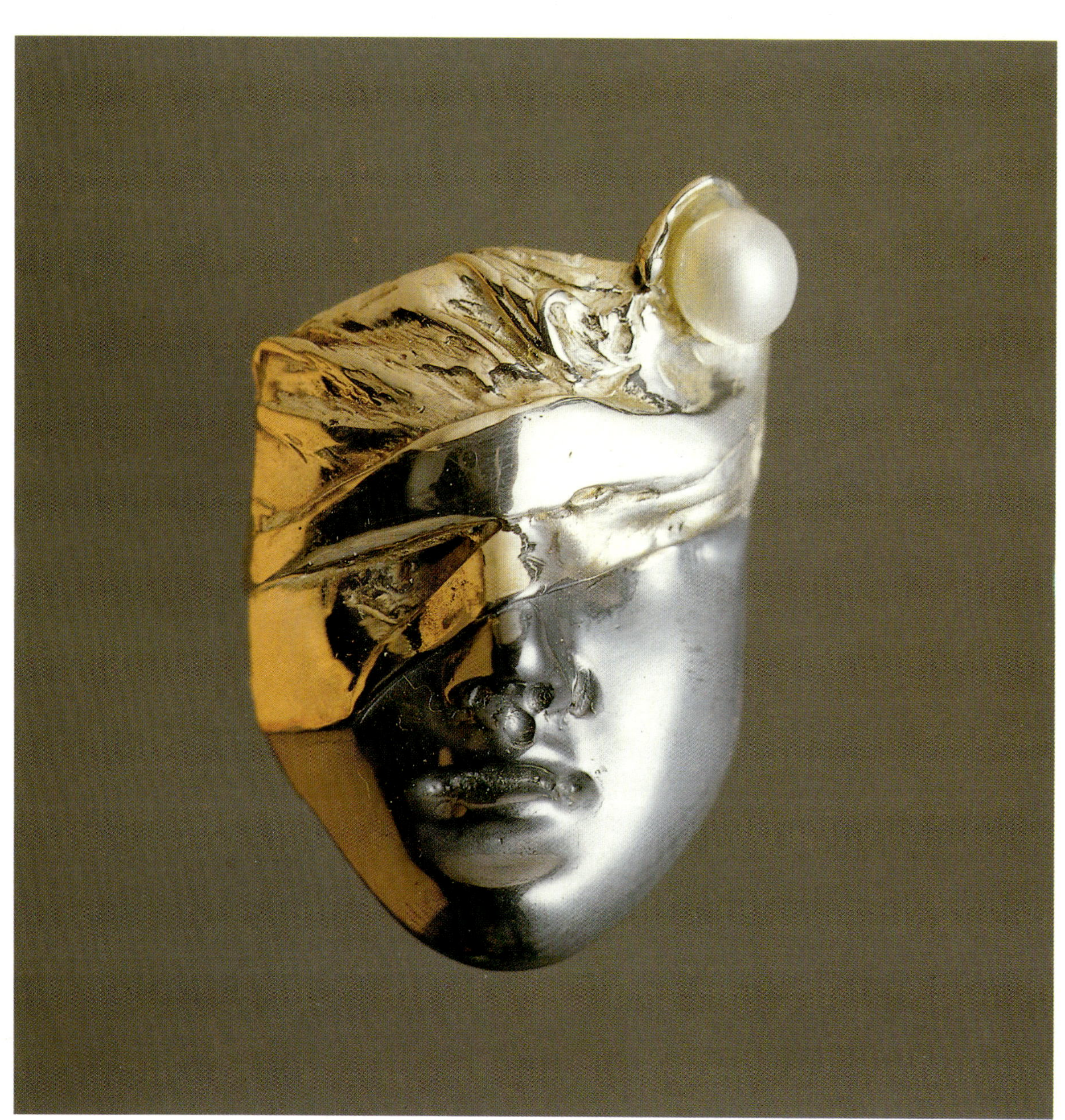

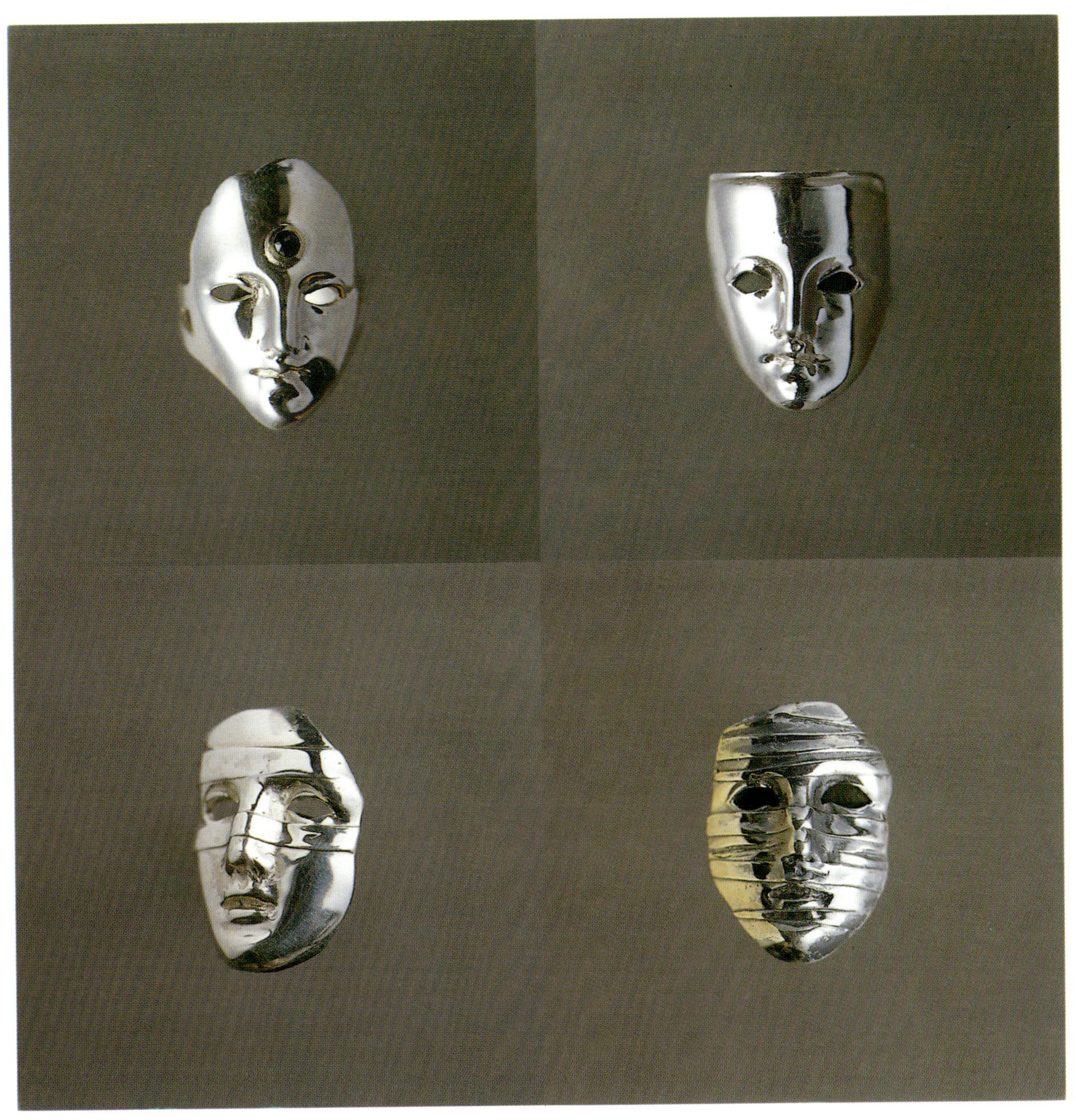

Le temps détruit ce qui se fait sans lui.

Proverbe Arabe

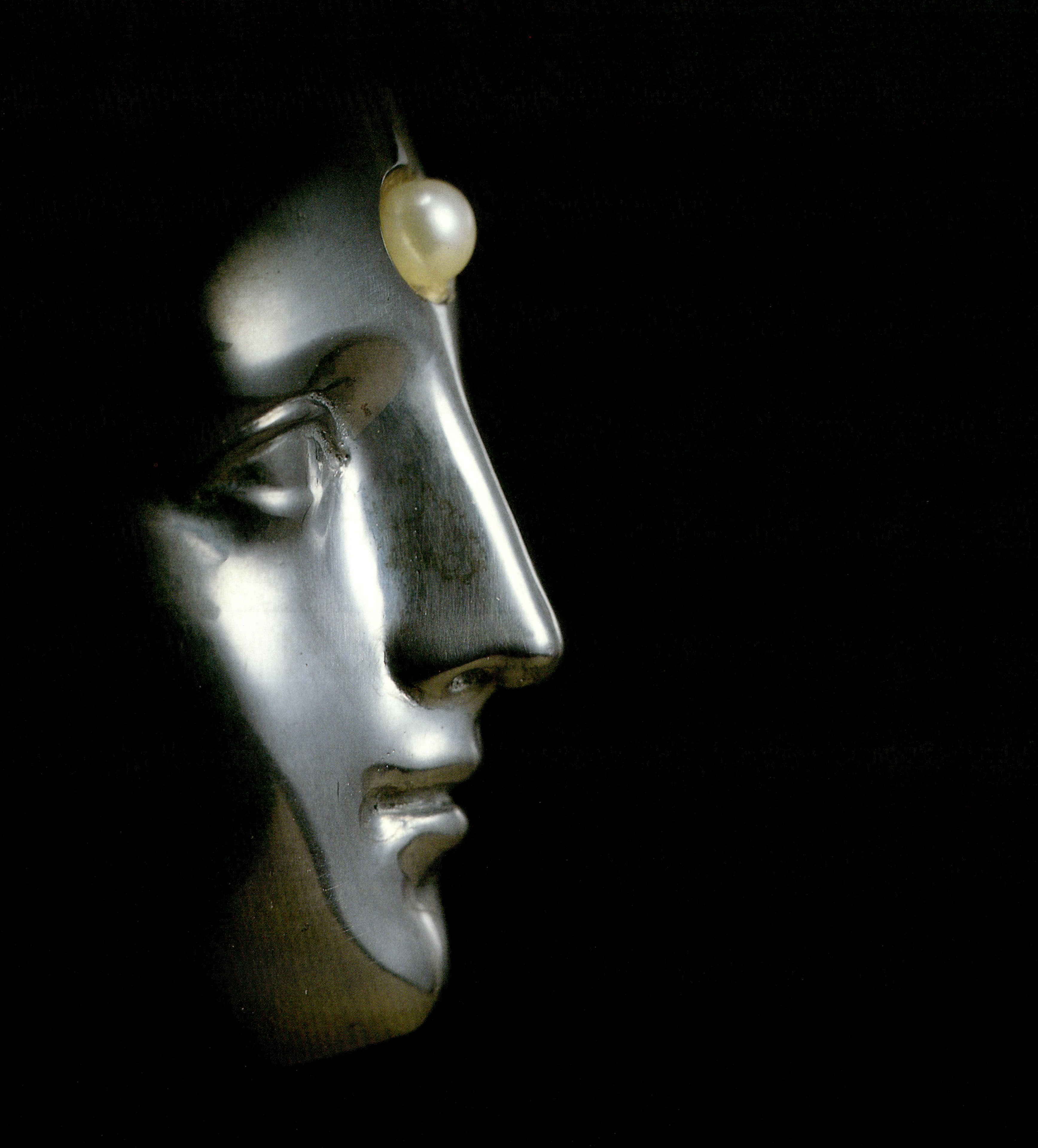

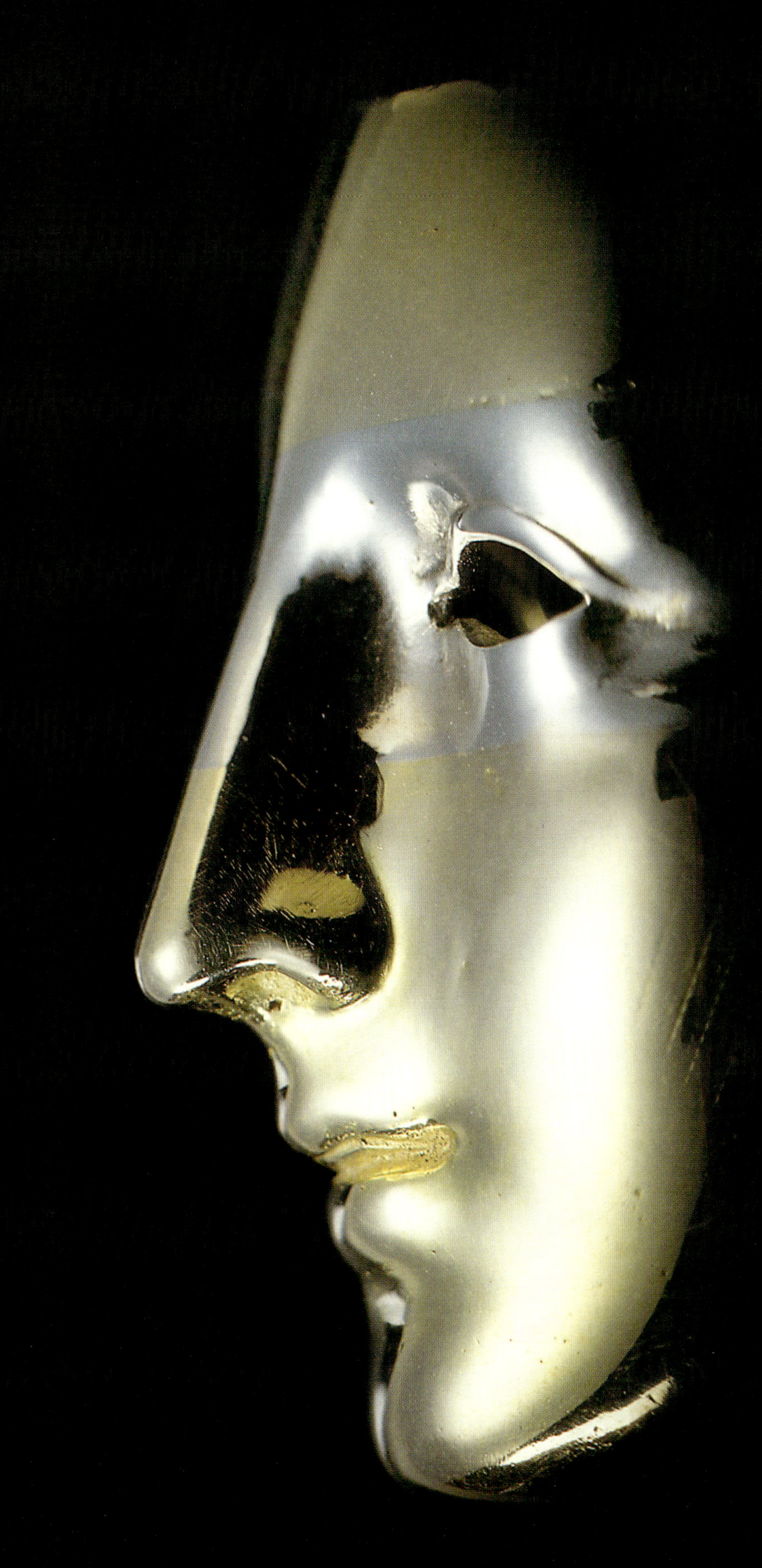

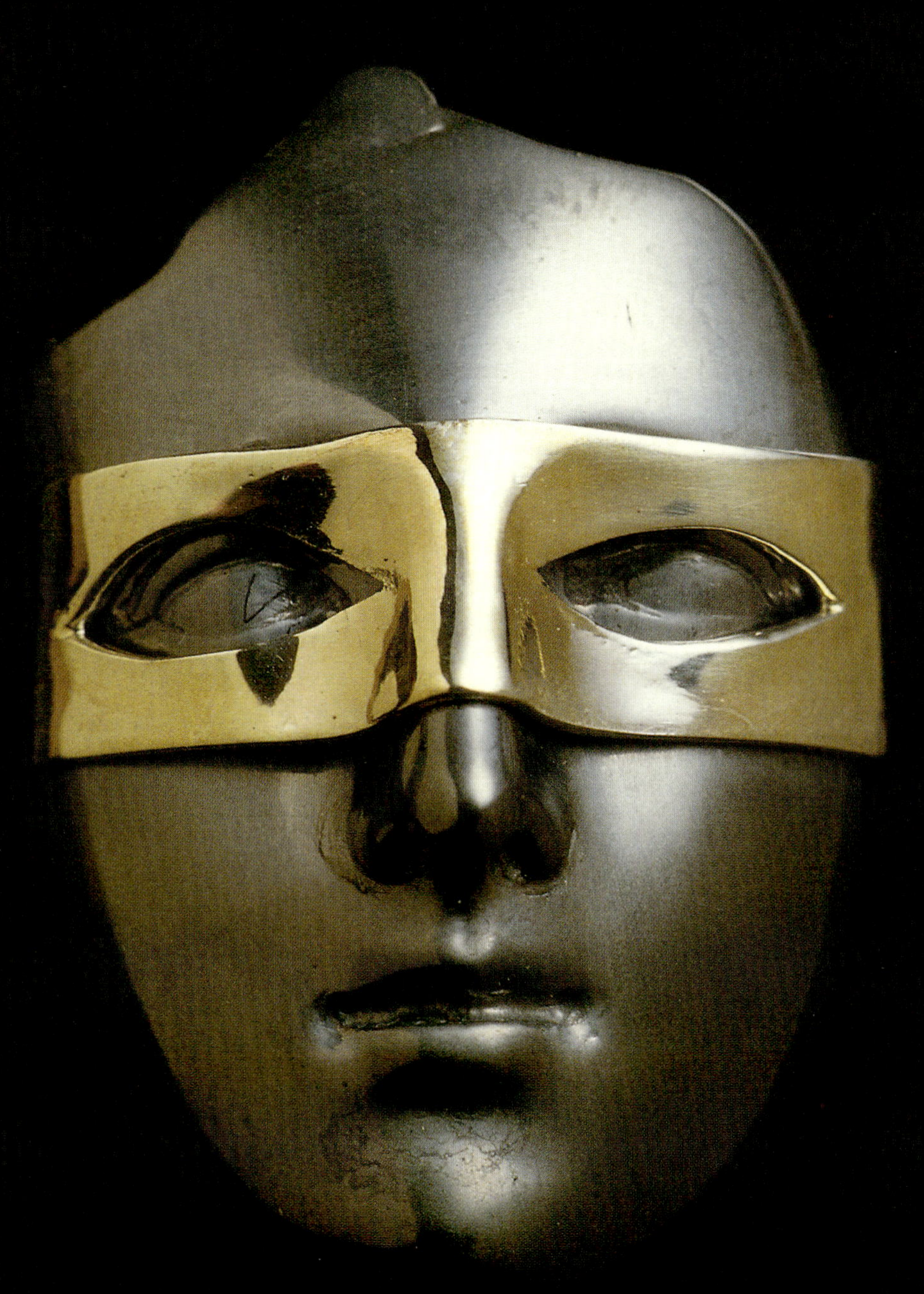

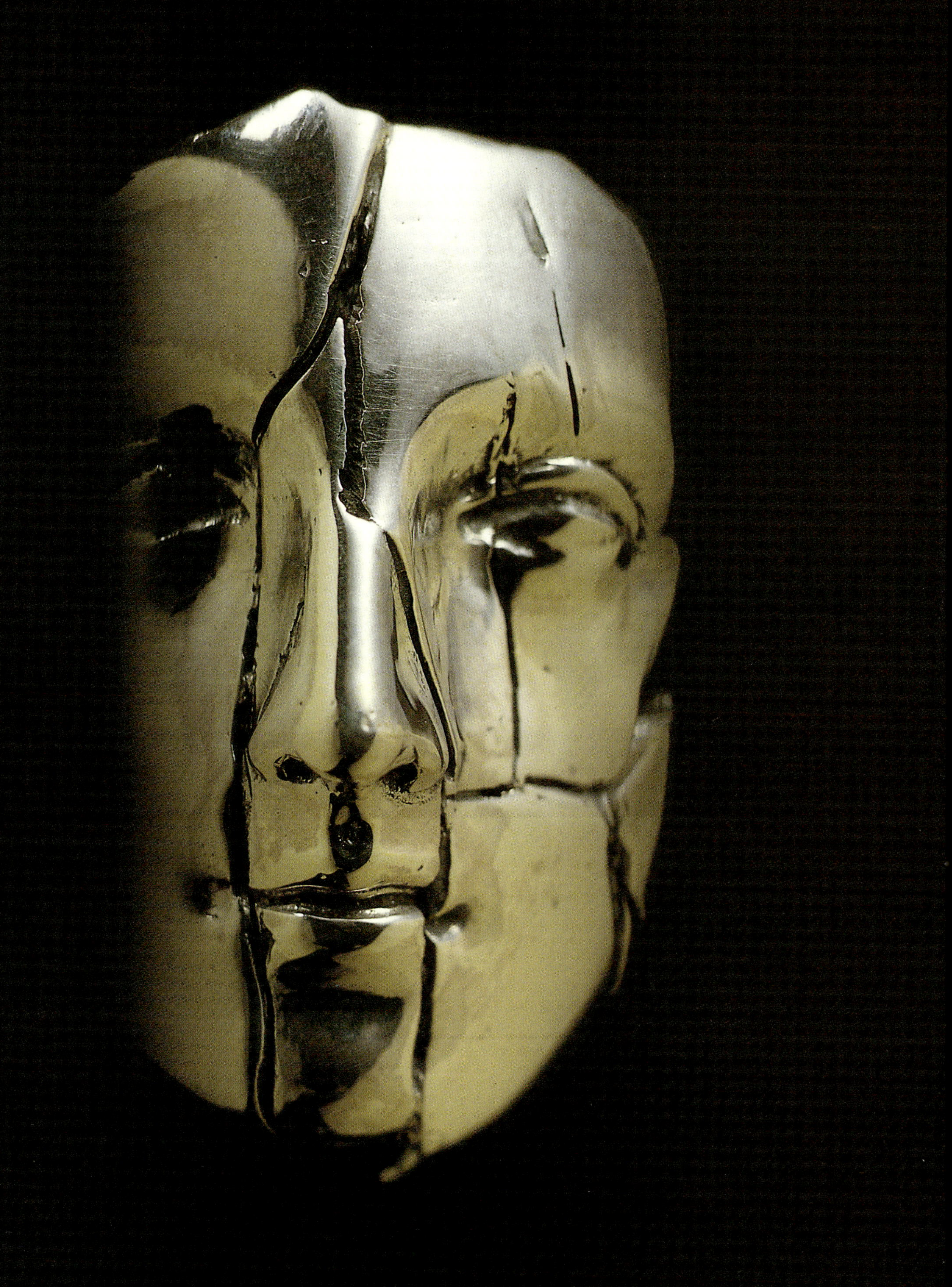

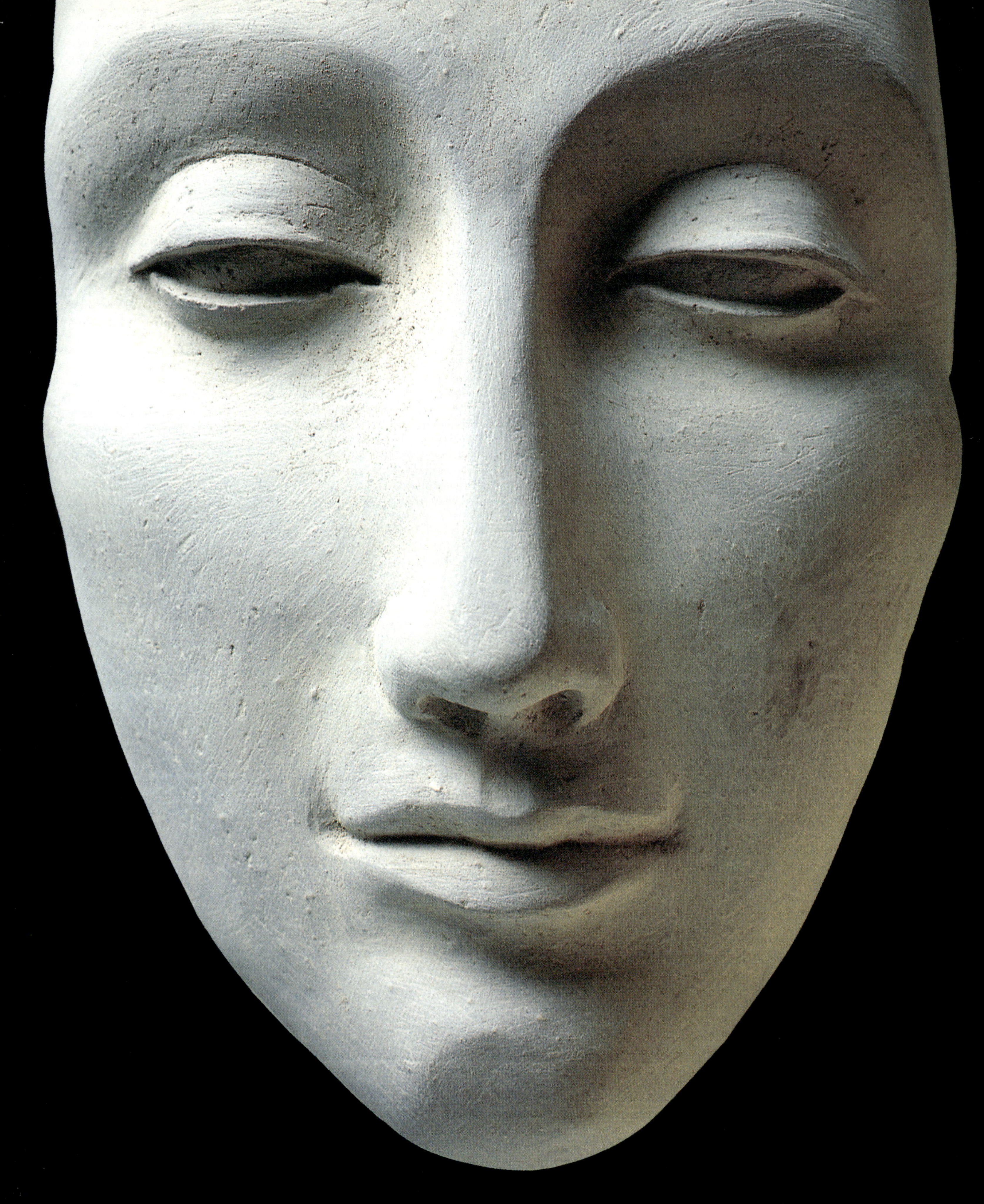

Tout ce que l'on pense pouvoir lire dans une sculpture
Ne serait-il que le rêve de chacun, sa poésie propre,
Dépendante de son destin?
La raison ne suffit plus à la recherche de la beauté.

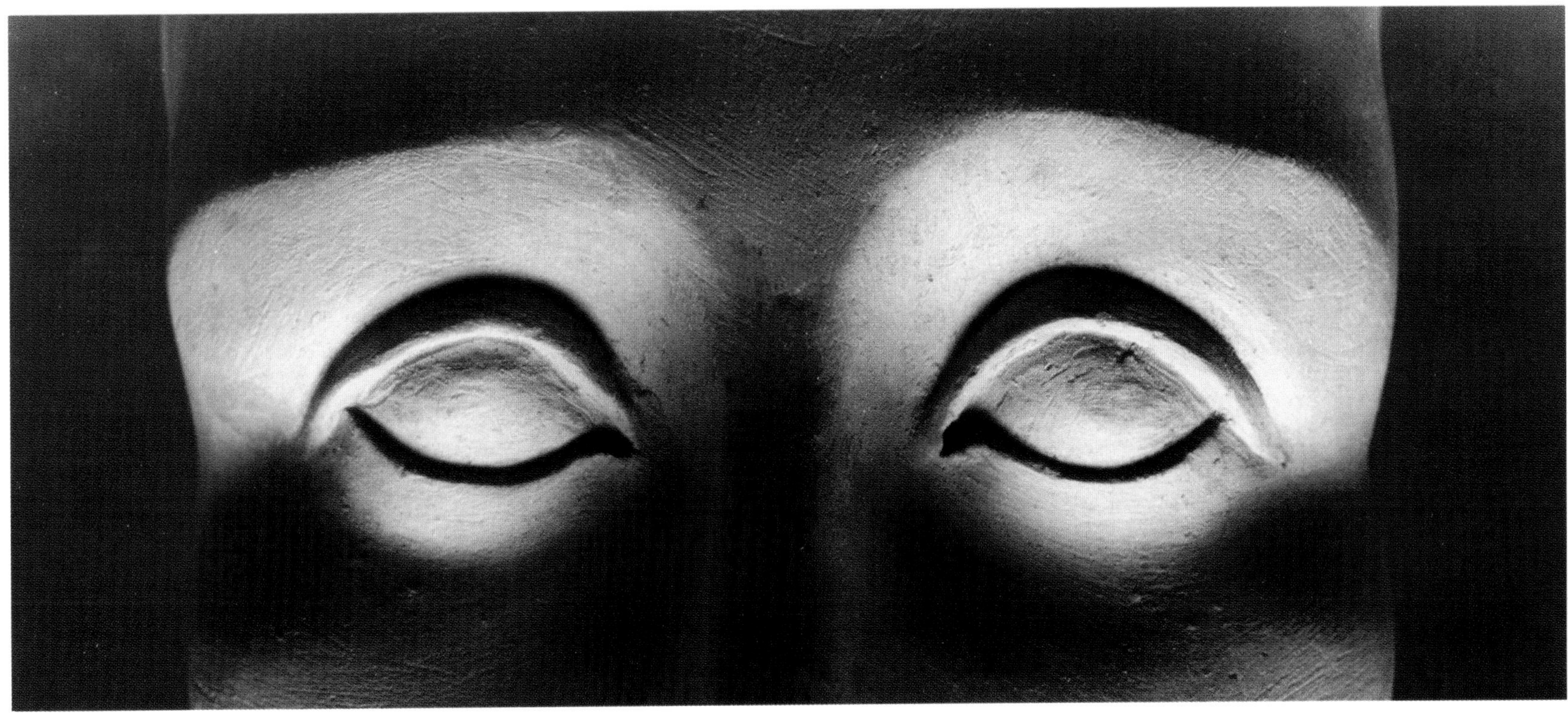

Derrière le masque, infiniment, le rêve.
Les yeux sans regard fixent quelque chose qui ressemble
à l'espoir. ... Regarde:
Une porte s'est ouverte sur l'aventure,
Les yeux deviennent plus intenses,
Nous leurs prêtons enfin notre mémoire.
Et le temps peut s'arrêter sur le fil fragile de l'intangible.

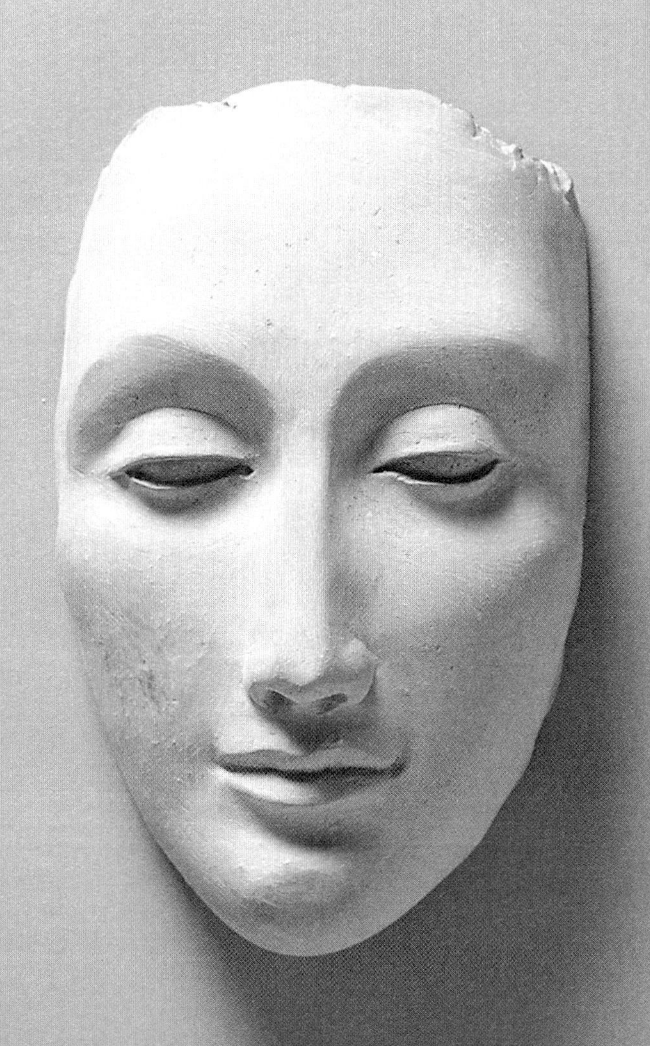

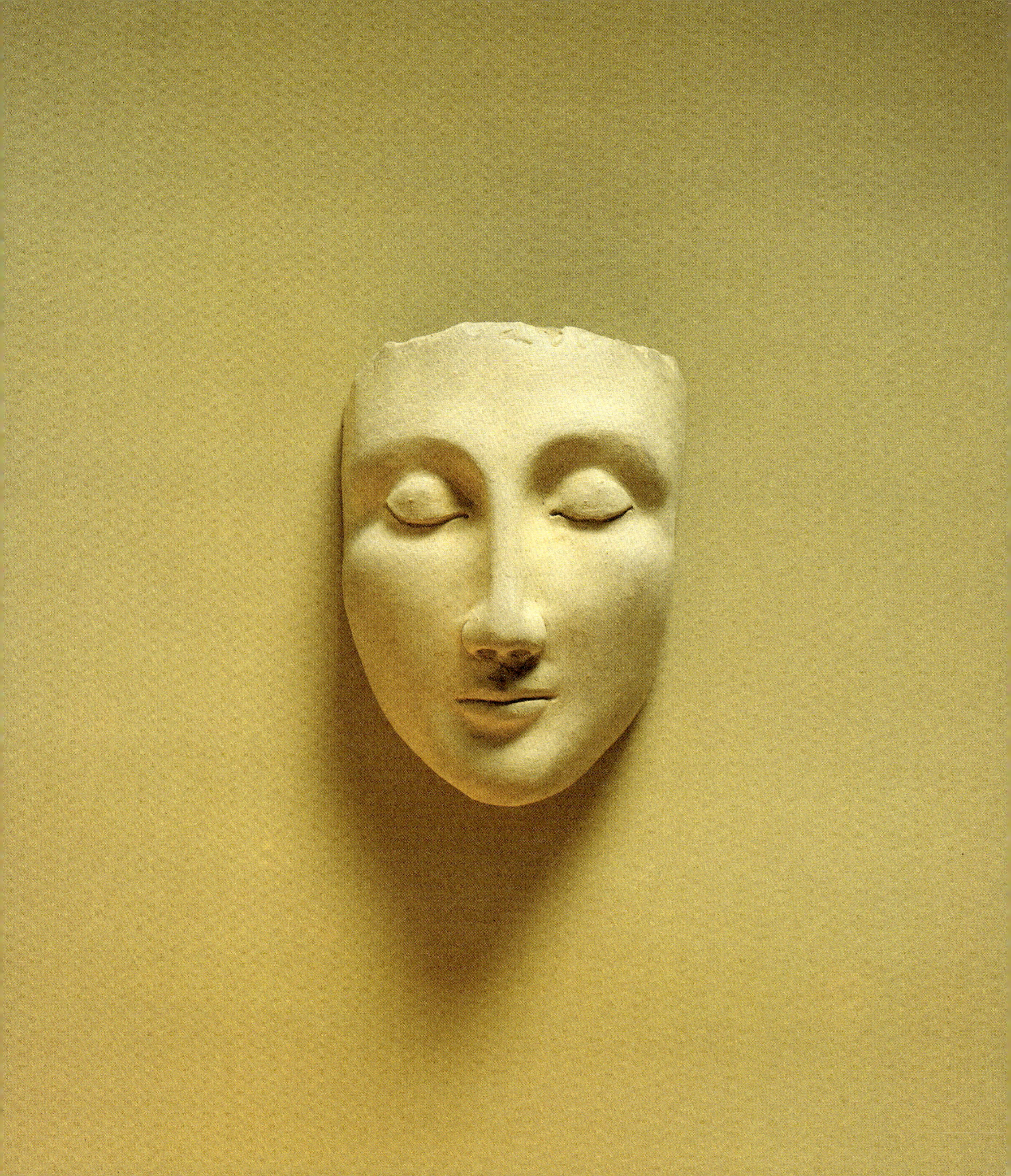

Enfant, je dessinais les plâtres classiques
Et les modèles vivants à l'académie.
Derrière d'immenses chevalets, entouré d'adultes,
le professeur me corrigeait la main hésitante
Et m'apprenait... à regarder.
Sans doute est-ce là qu'est née ma passion
pour les visages classiques
Aux regards fixés sur l'éternité.
Aujourd'hui encore, je n'invente rien,
Et cependant je découvre
Dans la glaise, je vais à la recherche de regards
qui finissent par sourire et m'arrêtent ainsi la main.
Les décors de théâtre et d'opéra sont eux aussi
de simples retrouvailles avec les auteurs...
Tchekhov, Genêt, Mozart!
Je compare ces décors aux instruments de musique...
si l'on en joue, ils se mettent à chanter.
En dehors du spectacle ils sont tristes
comme le cheval des bois qui n'aurait pas
connu le jeu des enfants.
Etonnantes créations faisant « un »
Avec l'espace et le temps du spectacle.
A l'inverse, les visages d'or, de bronze, de terre cuite
Ayant passé « l'épreuve du feu » semblent traverser
Ma propre vie, comme si, autonomes et résolus,
Ils avaient rendez-vous dans un autre monde !
Représenter le visage de l'homme est...
Sacrilège ; je le sais.
J'ai souvent peur de me tromper et continue cependant,
Comme l'apprenti sorcier qui ne peut reculer.
Parfois, lorsqu'au bout d'une caresse apparaît ce visage
Qui rêve d'une pietà, je souris et me recueille,
Dans les secrets qui dépassent l'homme.

J.M. Fievez

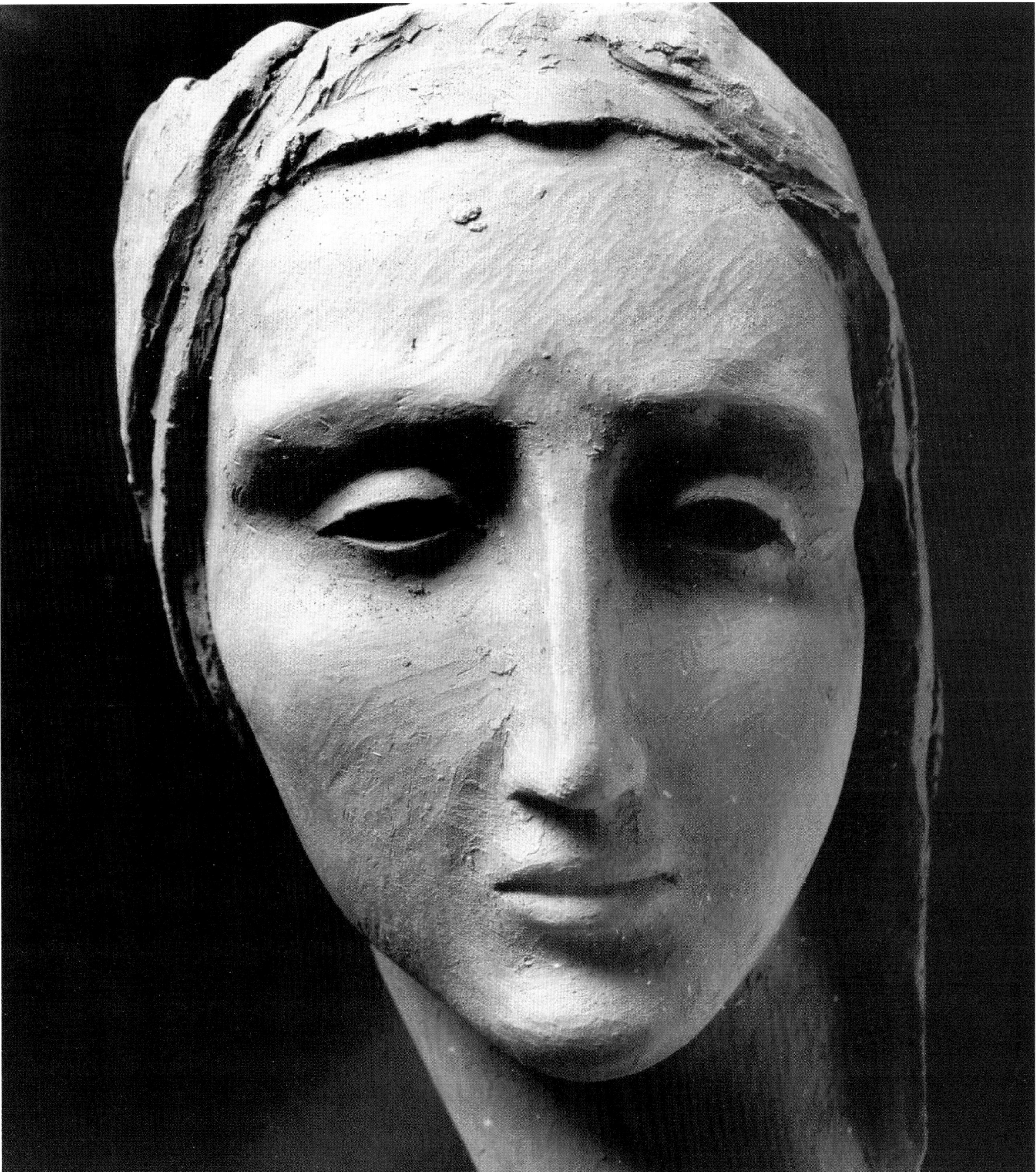

L'énigmatique sourire rassure nos rêves incertains,
Effleurés par le souffle de nos peurs ancestrales.
Car c'est bien de rêves dont il parle,
Effaçant le vide décidément vain.
Il se remplit de rites, de rires et de sueurs.
De ses lèvres, il distribue le présent
A qui sait l'entendre en oubliant sa peur.
Du fond de sa mémoire, il exorcise le temps.

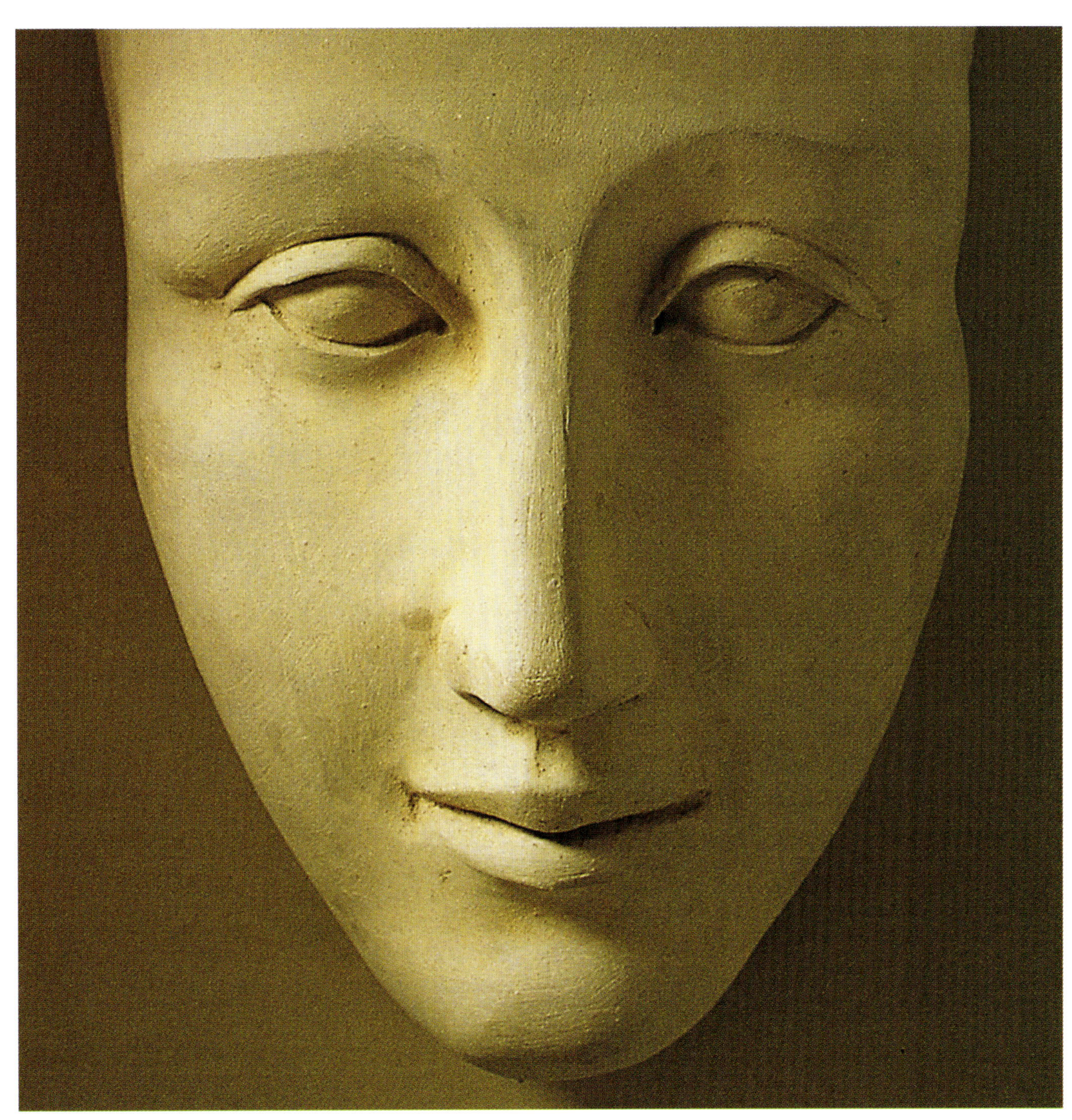

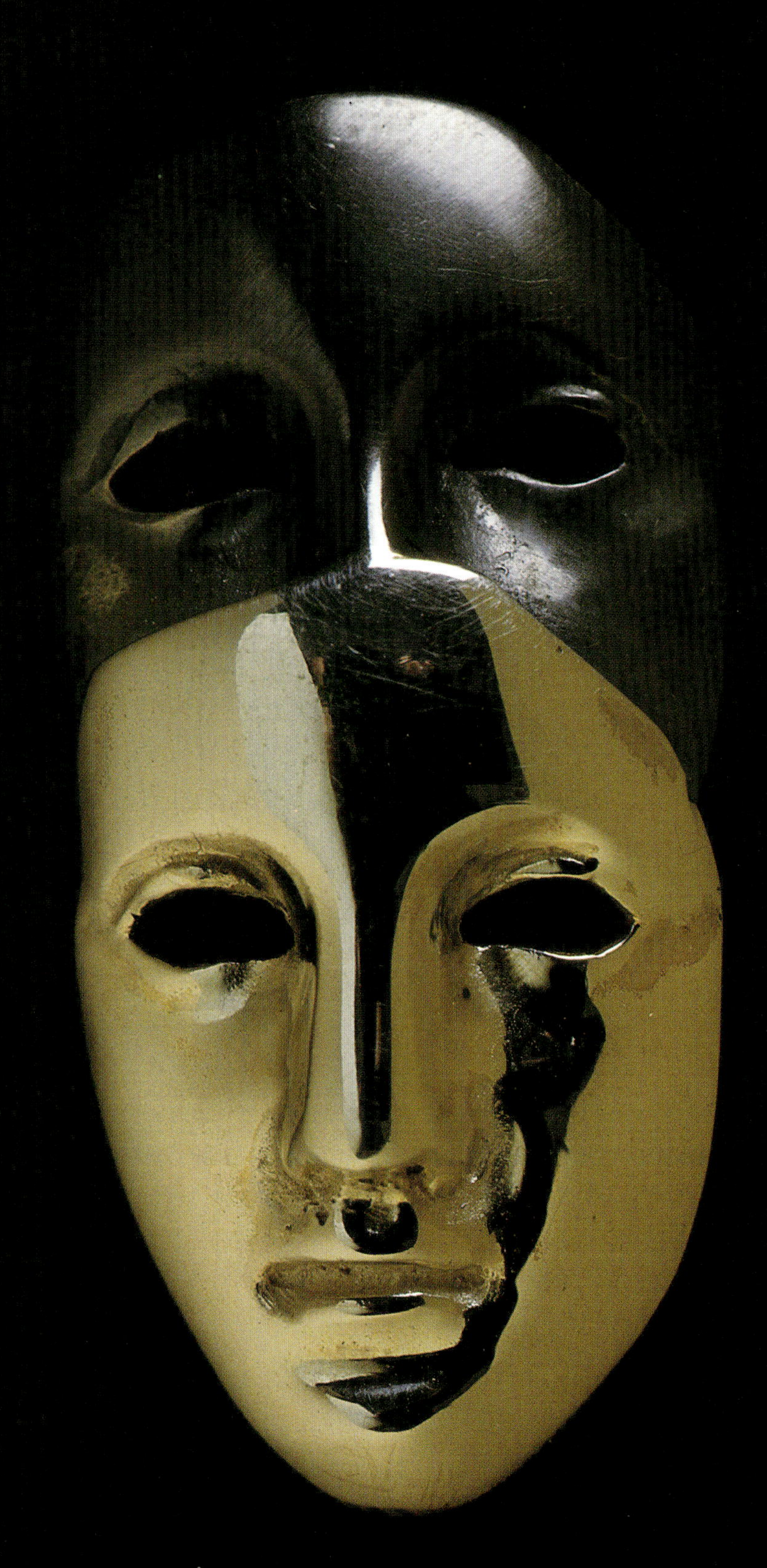

Deux visages, l'obscur et le clair
Deux couleurs, l'or et l'argent
Une étreinte à l'étonnant parcours.
Comme s'ils s'étaient rencontrés là, maintenant,
Par hasard et pour l'éternité.
L'un protège l'autre qui le soutient
Comme pour rire ou pour tendresse.
Ils se respirent et se palpitent au seuil du verbe,
Avant que les mots ne s'abîment en d'inutiles « je t'aime ».
C'est l'amour fou à sa naissance,
L'or pur des rêves les plus secrets,
Le clair-obscur d'une passion sourde à double face.

Un masque porté comme un autre soi-même,
Qui nous garderait de toute frayeur.
Le regard s'y reconnaît: n'est-ce pas un
Peu soi qu'on devine à travers tout?
Incroyable faculté de l'être humain
A se reconnaître dans toutes les choses de la vie...

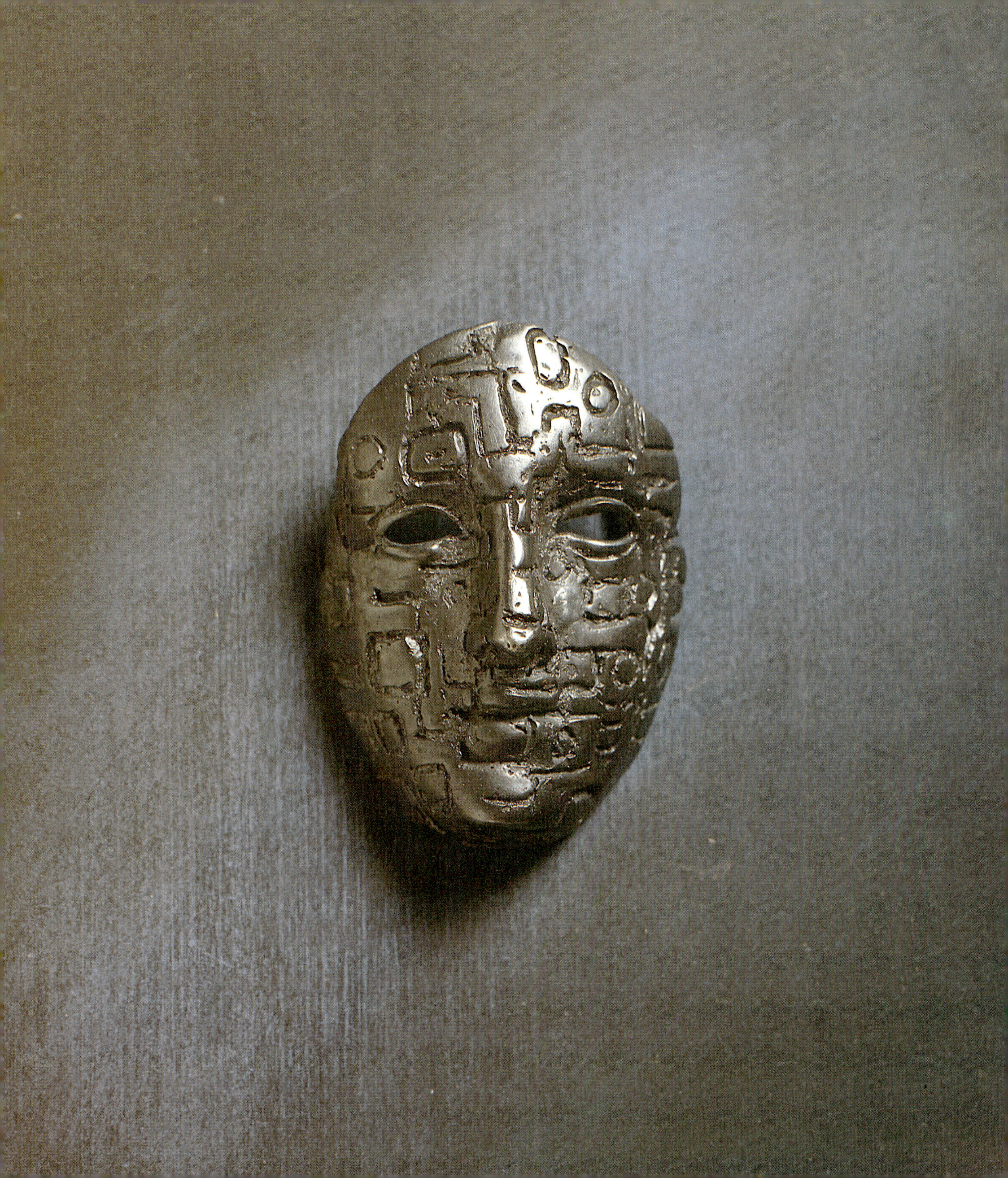

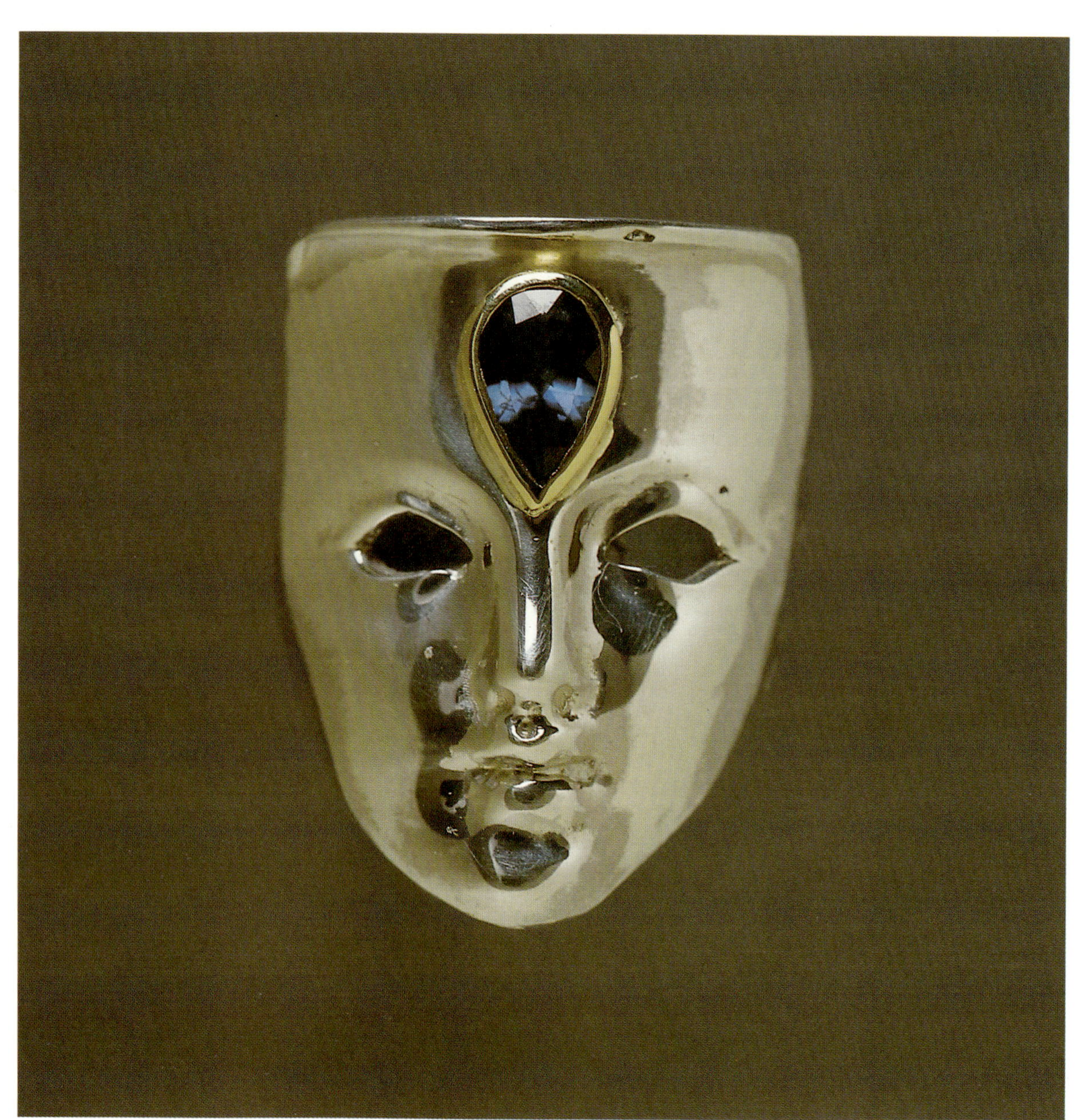

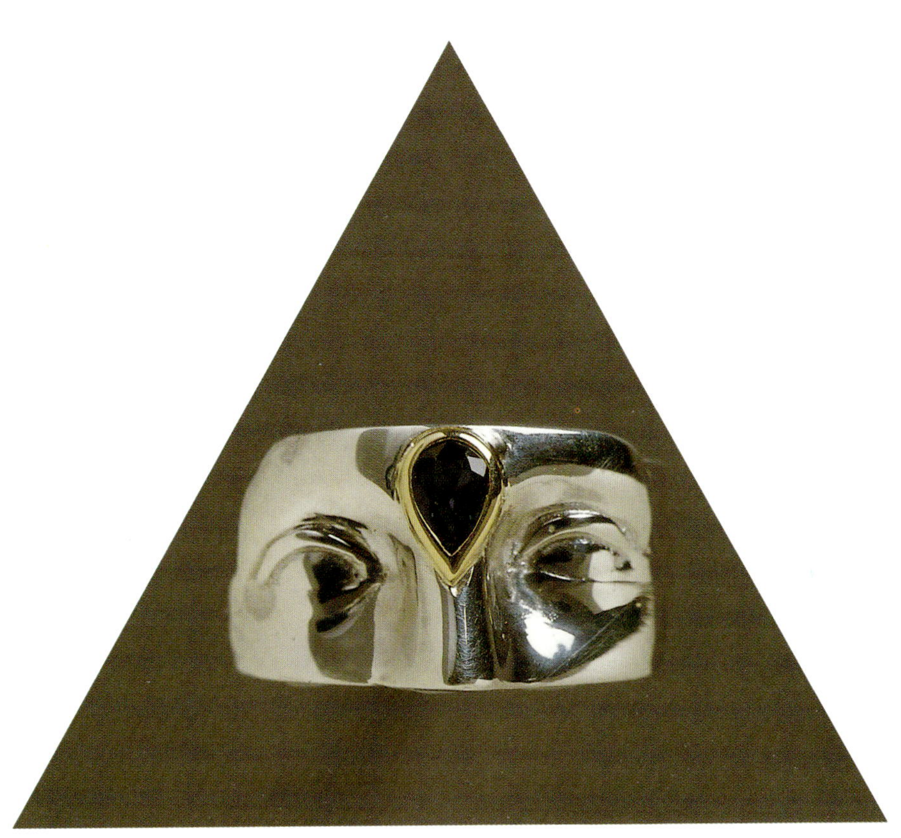

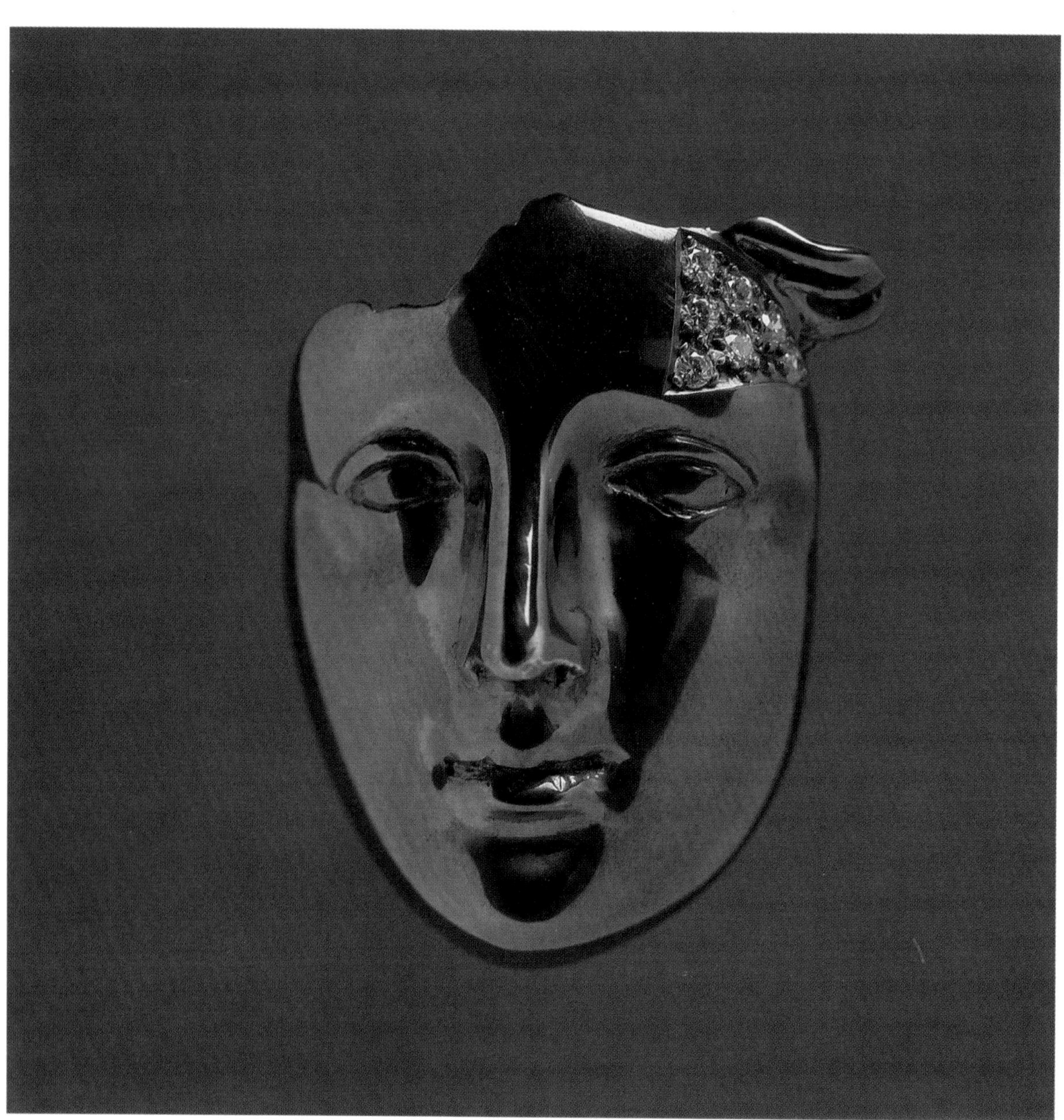

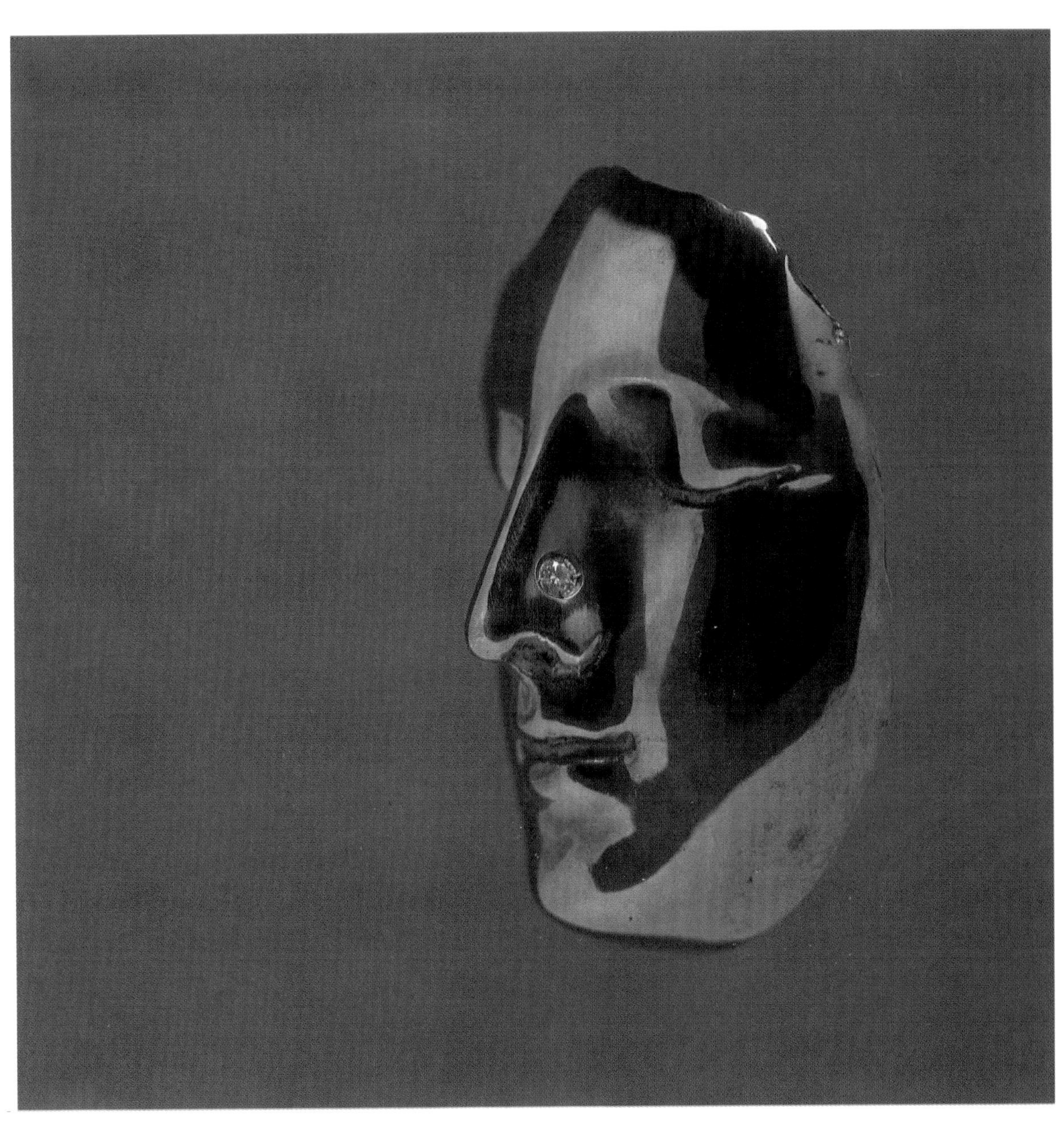

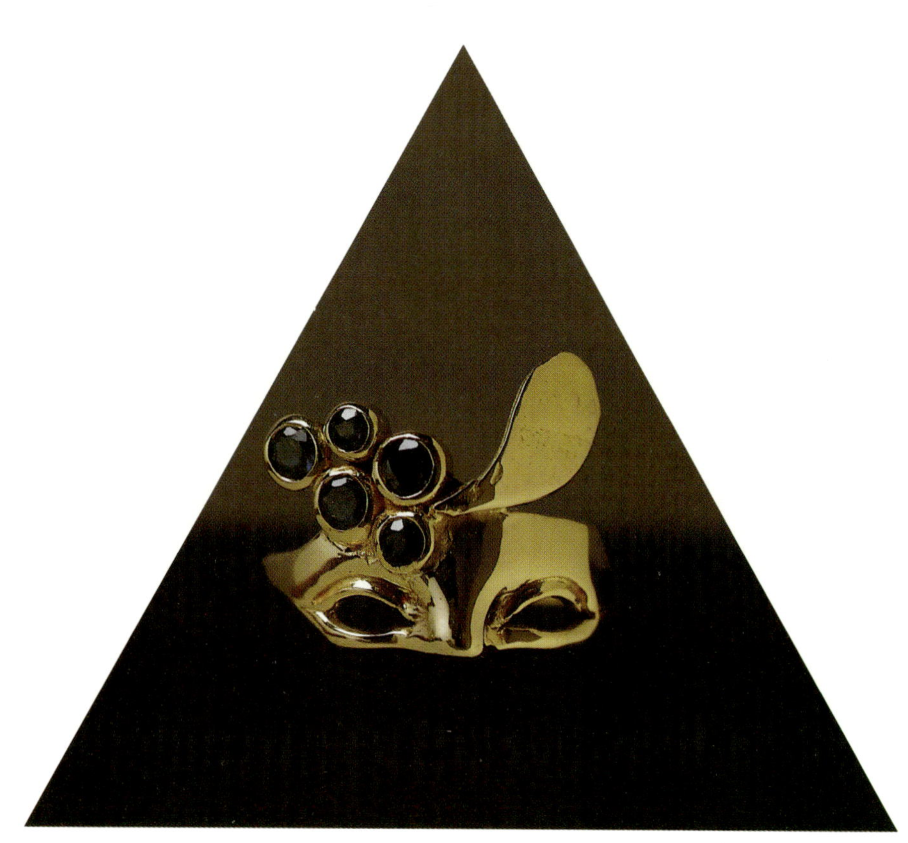

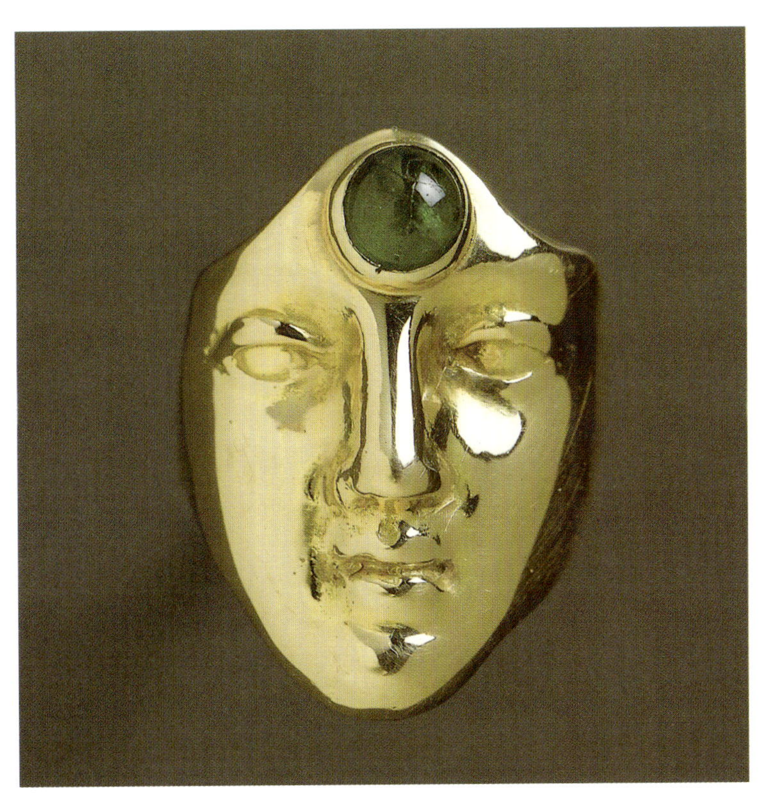

Ces calmes petites caresses faites à l'âme
Par un regard qui aime ce que les mains ont créé...

La main qui crée suspend le temps,
Elle cherche au plus intense
Le bref moment de perfection,
Cueillant dans la fragilité
L'instinct qui vient de naître
La main qui crée est immortelle
Elle libère l'inaccessible
Et ensemence le devenir.
De son acte d'amour naîtront
Des parcelles de révolte ou de patience
Qui arrêteront le bruit du monde.

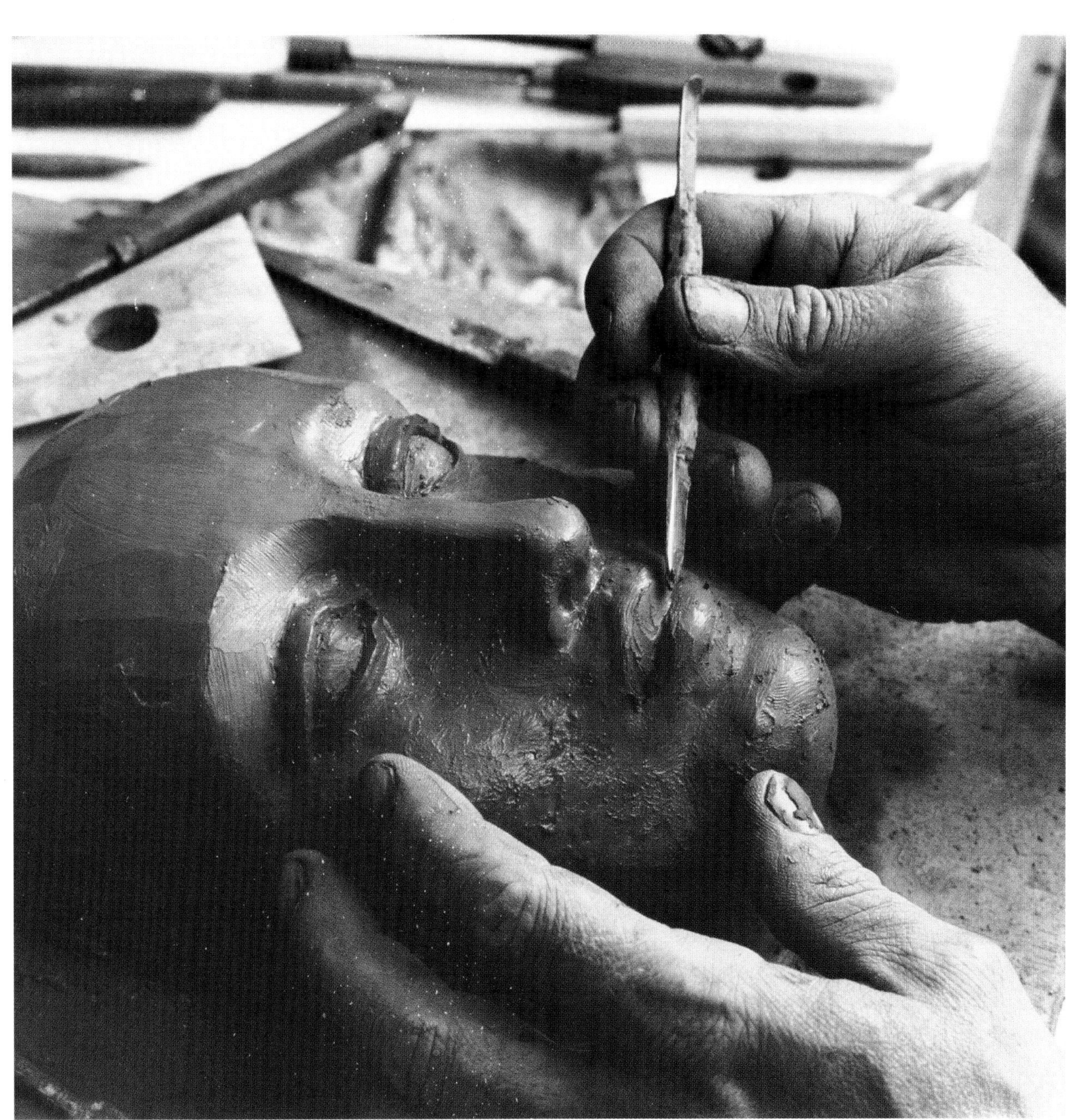

« ... lumière-connaissance-rayonnement en Grèce,
Survie divine en Egypte,
Renouveau pour les Aztèques,
Vibration originelle chez les Dogons,
Lumière minérale et illumination en Inde,
Yang essentiel en Chine,
Immortalité pour les Brahmas,
L'or est le royal symbole de la connaissance et de la sagesse, sans doute
l'un des plus important mythes dans l'histoire de l'humanité.

Pierre Grison-Alain Gheerbrant
Dictionnaire des symboles

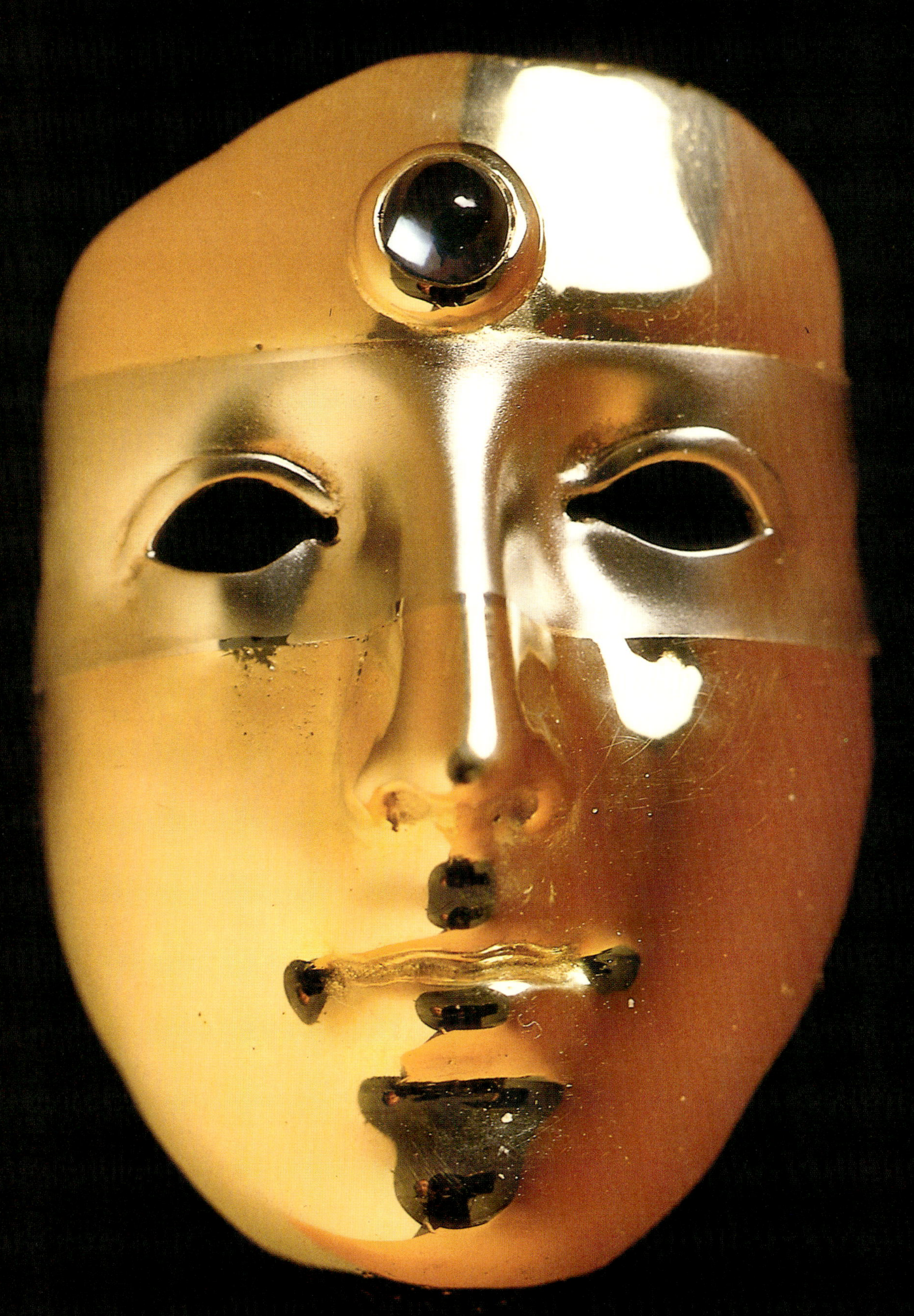

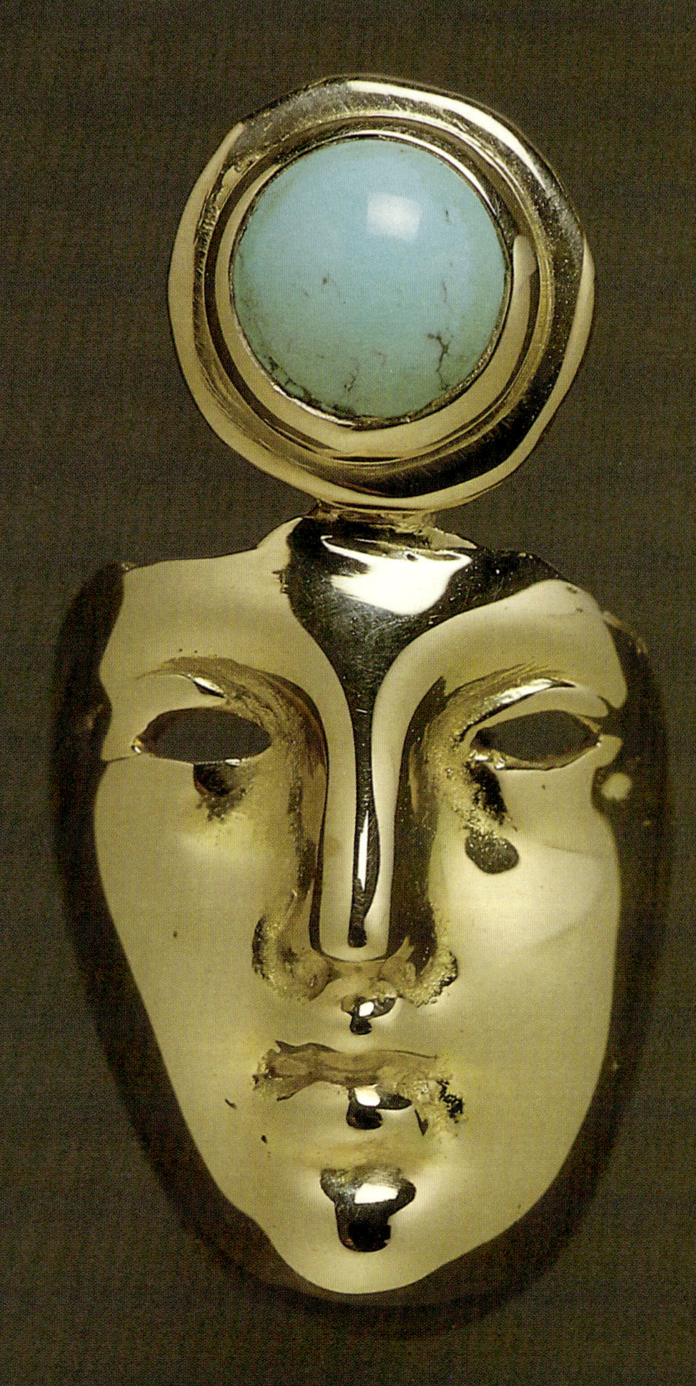

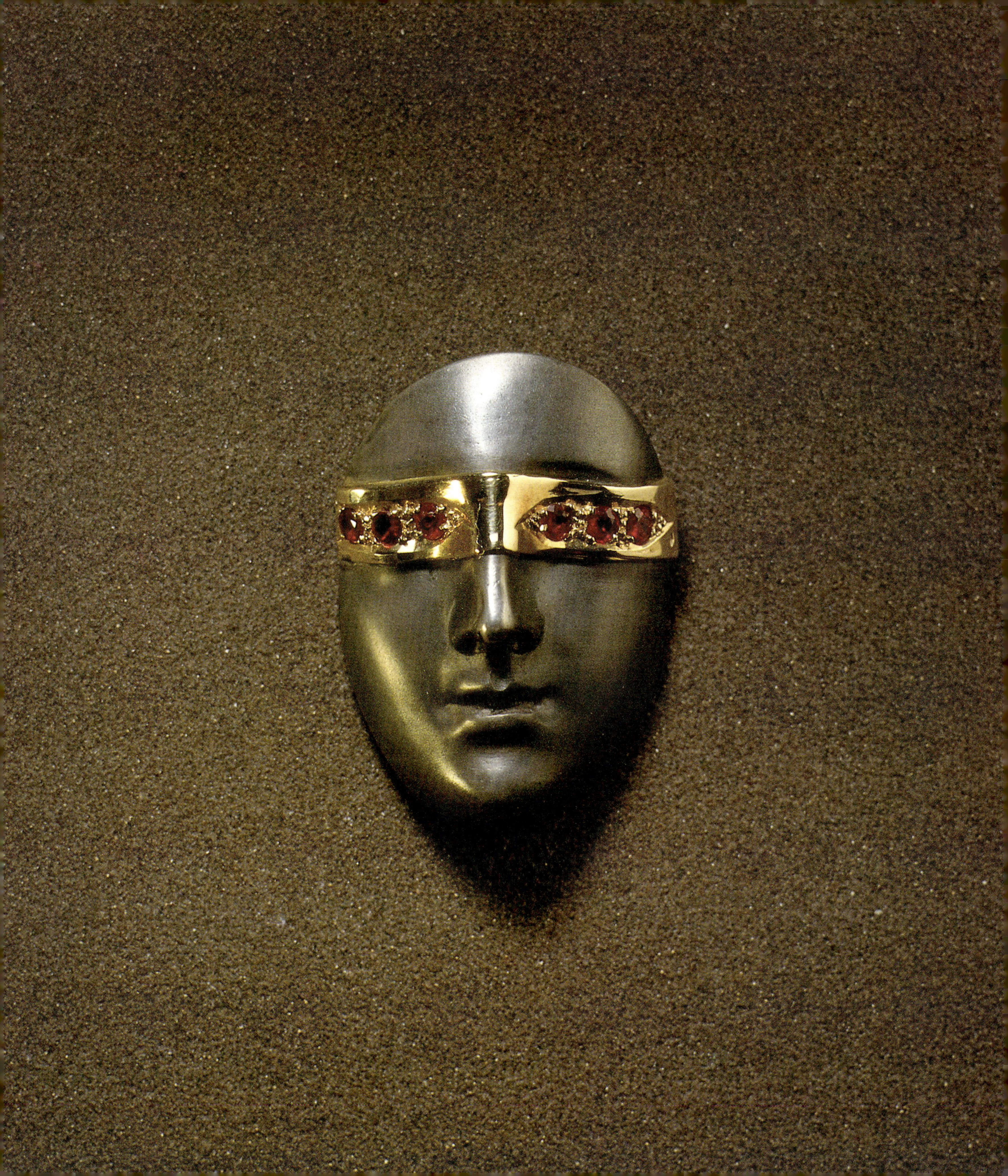

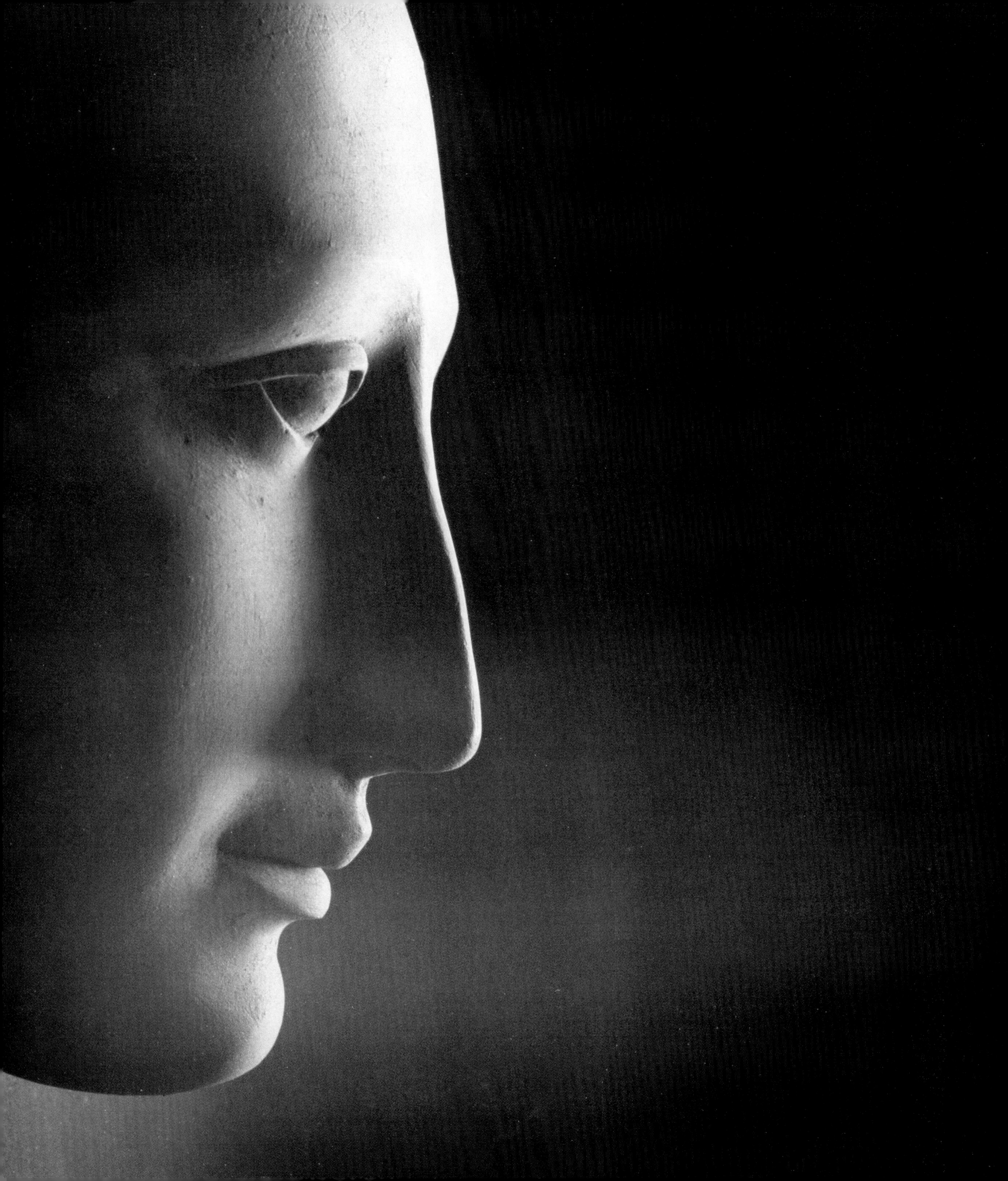

Pouvoir absolu de certains traits, contours qui se complètent
Et s'élargissent au gré du regard qu'on leur porte,
Comme s'ils savaient capter le sentiment pour lui rendre sa lumière.
Avec intensité, il faut contempler, chercher et voler les moindres nuances
Se promener dans les contours et les ombres
Pour en saisir le fonctionnement miraculeux.
Parce que tout est lumière, la moindre parcelle
De nous-mêmes doit devenir regard.

Masque au regard vidé par les millénaires de veille
Dont l'obsédant parcours perce la pierre et l'or.
Il poursuit sa vie, pesant sa propre attente
Sous l'immuable murmure des siècles.
Dans l'apparence attentive, Le masque devient témoin
De l'Histoire égarée dans les liens de la beauté magique.

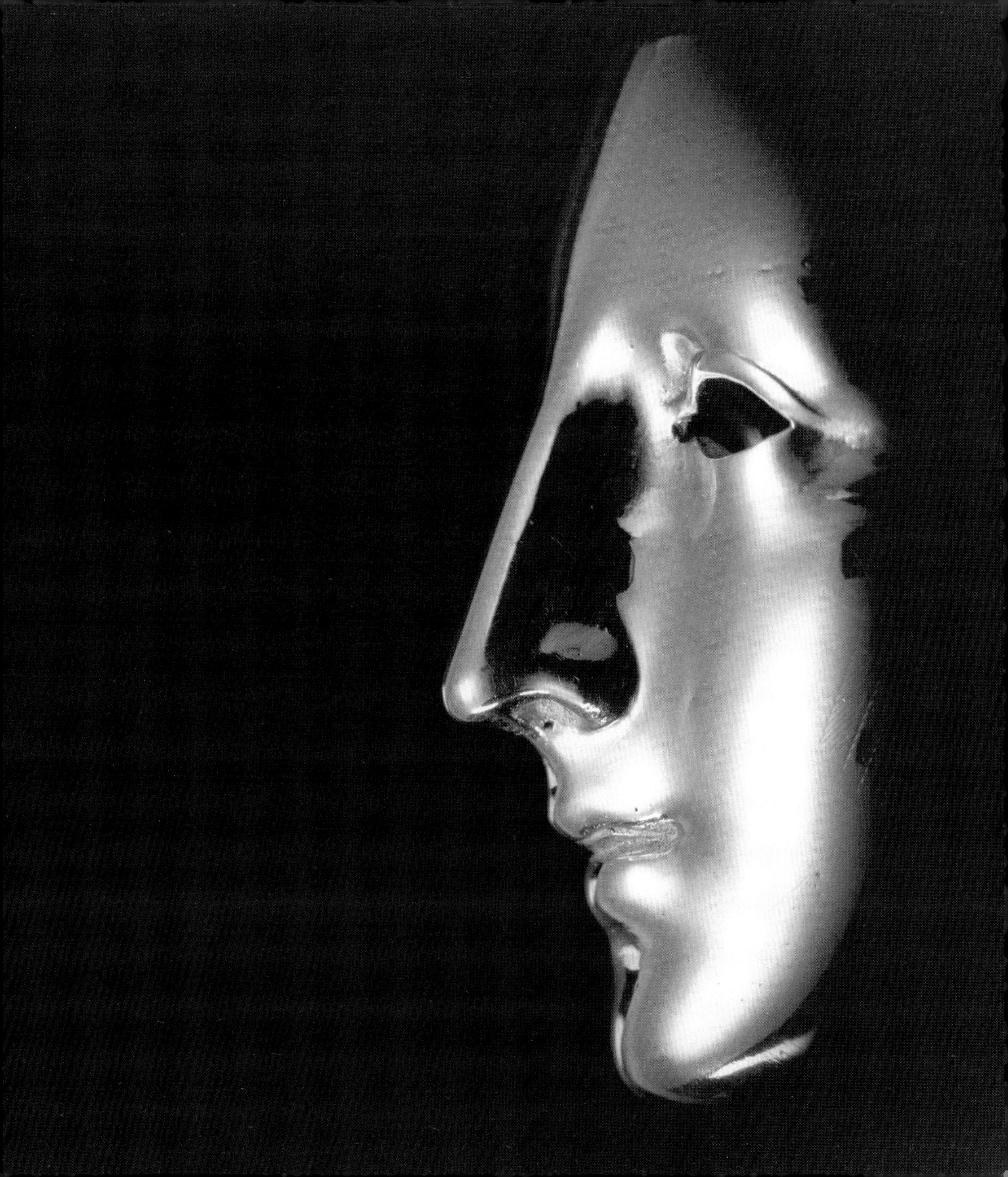

Né le 12 avril 1949 en Belgique, Jean-Marie Fiévez fréquente très jeune l'académie où il étudie le fusain et l'histoire de l'art.

Il termine ses études secondaires (humanités artistiques) à Saint-Luc, puis étudie la scénographie dans l'atelier dirigé par Serge Creuz à l'Ecole Supérieure d'Architecture et d'Arts Visuels (la Cambre) dont il sort avec la plus grande distinction en 1971.

Depuis, il crée les scénographies de très nombreux spectacles à Bruxelles, Paris, Amsterdam, Rotterdam, Rome, Spoletto, Berlin, Hambourg, Francfort, Bochum, Karlsruhe, Los Angeles, réalisant ainsi plus d'une centaine de spectacles dans les plus importants théâtres et opéras d'Europe.

D'autre part, il travaille régulièrement pour des jeunes compagnies qu'il considère comme de très importants laboratoires de la technique et de la pensée.

Poussé par le besoin de se retrouver seul face à la création et sans doute en réponse à ce que le théâtre et l'opéra ont d'éphémère, il décide de travailler les matériaux précieux... idée qui prit réellement forme au musée d'Athènes en 1975.

Le dialogue des cultures et des générations par l'interprétation que l'art et les matériaux nobles en donnent le passionne, le provoque.

C'est donc imprégné d'art classique, de théâtre, d'opéra et d'une fascination pour l'Orient qu'il a réalisé cette longue variation sur le thème du visage et du masque.

Il expose à Bruxelles, Barcelone, New York, Washington et ses pièces uniques font partie de prestigieuses collections privées. C'est actuellement à Chypre, dans une maison perchée dans la montagne qu'il crée la majeure partie de ses pièces, amoureux fervent de la méditerranée et du Moyen-Orient...

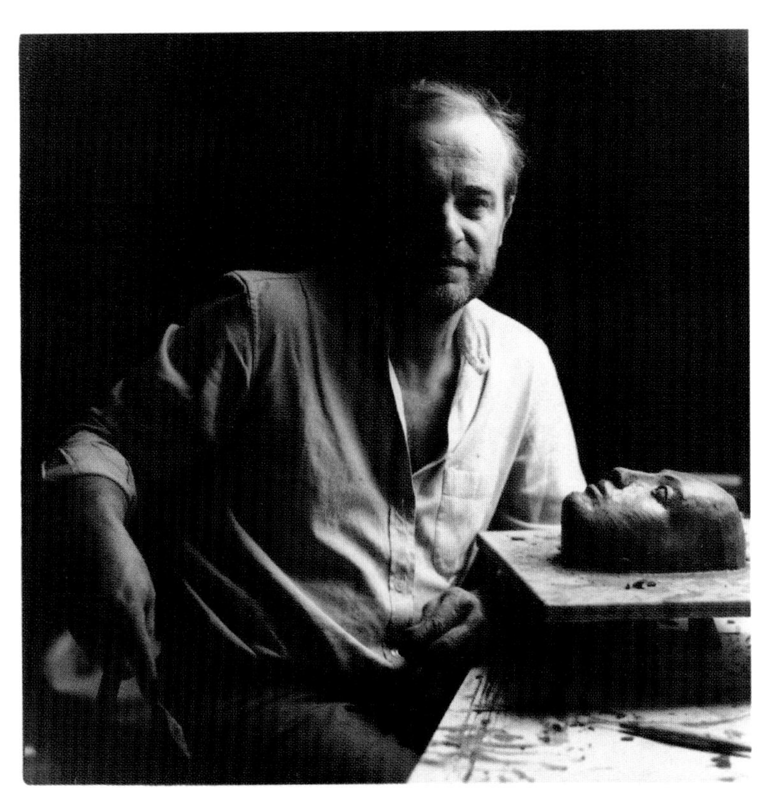

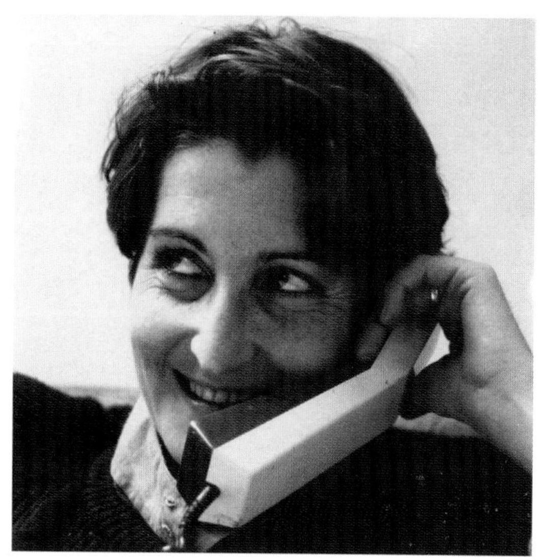

Claude Matossian est née au Caire le 29 juin 1953. Arrivée en Belgique, elle y fait ses études. Elle s'intéresse très tôt à différentes disciplines : dessin, peinture, gravure, lithographie, tissage dont elle suit les cours à l'académie de Boitsfort.

A l'âge de 17 ans, elle fut choisie pour créer les décors et les costumes d'un film («Les deux saisons de la vie de Samy Pavel) qui remporta le lion d'argent au festival de Venise en 1972.

Partie à Rome pour deux mois afin de suivre le montage du film, elle y restera 3 mois. Elle rencontre Ennio Morricone qui l'initie à l'enregistrement et au montage de la musique de film. Autre rencontre, celle de Franco Arcalli, le monteur et scénariste du «Dernier tango à Paris» avec lequel elle participera à de nombreux montages de films. Elle contribue également au montage du «professeur» de Valério Zurlini.

De retour en Belgique, elle adapte la nouvelle d'André-Pieyre de Mandiargues «Sabine» afin d'en tourner un court métrage. Parallèlement, elle découvre la sculpture. Elle expose à Bruxelles en 76 et à Rome en 78 (Galerie BARBERINI).

En 1982, elle rencontre Jean-Marie Fiévez et depuis, partage sa vie. Avec lui, elle participe à une vingtaine de spectacles de théâtre et d'opéra. L'écriture continue à la passionner et elle prépare actuellement un livre.

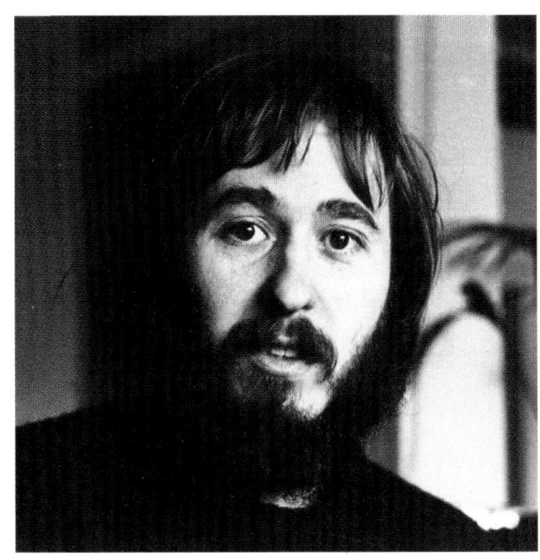

Philippe de Gobert est né à Bruxelles en 1946. Profession du père : peintre. Profession de la mère : peintre. Profession du frère : peintre. Philippe de Gobert est peintre, sculpteur et photographe. Ses maquettes-sculptures représentant des ateliers d'artistes le placent au rang des sculpteurs actuels, en marge des mouvements traditionnels. Son œuvre est reconnue par la critique internationale comme étant particulièrement individuelle.

Il a fait plus de 35 expositions, notamment :

— 1967 : Galerie Defacqz, des sculptures en ferraille assemblée

— 1975 : New Smith Gallery Bruxelles, de petits paysages et jardins miniatures

— 1979 : Art Shop du Palais des Beaux-Arts de Bruxelles, « artist's room »

— 1981 : Galerie Xavier Berg à Londres, « Artists's boxes »

— 1985 : L'autre Musée à Bruxelles

— 1986 : Casa Frollo à Venise, « portraits de scène à l'île aux phoques » ; Espace Nord-Musée d'Ansembourg Liège

— 1987 : Raffinerie du plan K

Philippe de Gobert ne considère pas la photographie comme un but en soi. D'une part, il sélectionne rigoureusement le choix de ses sujets ; d'autre part, derrière l'objectif c'est bien souvent le regard du sculpteur qui opère. Ce rapport du sculpteur-photographe à l'objet est présent dans toute son œuvre.

Nous tenons à remercier

Les Ateliers Arts et Technique
Madame et Monsieur Lothaire
Karim

Pour tout renseignement sur les œuvres contacter l'éditeur.